真宗文庫

親鸞が出遇った釈尊

—浄土思想の正意—

小川一乗

東本願寺出版

もくじ

◉はじめに　釈尊と親鸞……9

◉第一章　釈尊の問い――〈いのち〉とは何か……15

一　〈いのち〉への問い　16

二　〈いのち〉の行方を見失った私たち　21

三　輪廻に束縛された〈いのち〉　26

◉第二章　釈尊の伝記における〈いのち〉への問い……35

一　「唯我独尊」という誕生偈　36

二　〈いのち〉は平等　45

三　輪廻転生する〈いのち〉の解放を求めて　57

四　仏陀の誕生　68
Ⅰ　釈尊の正覚　68
Ⅱ　初転法輪　85
Ⅲ　舎利弗の帰仏　100
Ⅳ　釈尊の入滅　109

●第三章　釈尊による〈いのち〉の見定め……………119
一　〈いのち〉への目覚め―縁起の道理　120
二　涅槃寂静―〈いのち〉はゼロから生まれゼロに帰る　128
三　浄土に生きる者となる　142

◉第四章　〈いのち〉は業縁のままに―釈尊の業報論……151
一　縁起における因果関係―親から子が生まれるのか　152
二　自覚内容としての因果応報　159
三　王舎城の悲劇―韋提希と阿闍世の救済　163
Ⅰ　「王舎城の悲劇」という物語　163
Ⅱ　わが子に裏切られた韋提希夫人の悲歎と救済　170
Ⅲ　父王を殺害して王位を奪った阿闍世王の慙愧と救済　177
◉第五章　輪廻から解放された〈いのち〉―釈尊の往生論…193
一　涅槃する〈いのち〉　194
二　再生への願望　209
三　仏国土へ往生する〈いのち〉　215

◉第六章　親鸞が出遇った釈尊……………223
一　本願と念仏　224
Ⅰ　阿弥陀仏の極楽世界に往生する〈いのち〉　224
Ⅱ　何のために浄土へ往生するのか　236
二　念仏成仏―大乗のなかの至極　244
Ⅰ　迷いから覚りへの仏陀　244
Ⅱ　覚りから迷いへの如来　247
Ⅲ　阿弥陀如来の〈いのち〉―如来の大悲　250
Ⅳ　大乗のなかの至極　257
◉おわりに　すべての人が仏陀となるために……………264
文庫化にあたって　270

本書は、二〇一一年に真宗大谷派（東本願寺）の「宗祖親鸞聖人七百五十回御遠忌」を記念して出版された『シリーズ親鸞』全十巻（筑摩書房刊）より、第二巻『親鸞が出遇った釈尊―浄土思想の正意』を文庫化したものです。

凡例

一　引用文について

＊釈尊の伝記（仏伝）／仏伝に関するものは、初期経典群（阿含・ニカーヤ）に散見するだけでなく、仏伝文学として数多く説かれ、大乗仏教の立場からの伝記—たとえば、『大正新修大蔵経《たいしょうしんしゅうだいぞうきょう》』「本縁部」に収められている文献—もある。現代語訳（意訳）に当たっては、特定の出典名は示さなかった。その際、山口益編『仏教聖典』（平楽寺書店、一九七四年）を参照した。

＊『スッタニパータ』（Suttanipāta）／現代語訳（意訳）に際しては、『ブッダの詩　I』（講談社、一九八六年）を参照した。

＊浄土三部経（『仏説無量寿経《ぶっせつむりょうじゅきょう》』『仏説観無量寿経《ぶっせつかんむりょうじゅきょう》』『仏説阿弥陀経《ぶっせつあみだきょう》』）／『仏説無量寿経』（康《こう》僧鎧《そうがい》訳、四一一年頃訳出）には四本の漢訳異本があり、またサンスクリット原典、チベット語訳もある。そのため現代語訳（意訳）に当たっては、『無量寿経』と総称して引いた。『仏説観無量寿経』（畺良耶舎《きょうりょうやしゃ》訳、五世紀前半訳出）は漢訳一本だけなので、そのまま『仏説観無量寿経』と称して引いた。『仏説阿弥陀経』（鳩摩羅什《くまらじゅう》訳、五世紀初頭訳出）には一本の漢訳異本があり、またサンスクリット原典、チベット語訳もある。そのため現代語訳（意訳）に当たっては、『阿弥陀経』と総称して引いた。

二　現代語訳（意訳）について

＊現代語訳（意訳）は原文に忠実な直訳ではなく、筆者の視点から解釈を加えた訳になっている部分がある。その部分については、本来ならば［　］などをつけてその旨を示すべきであるが、本書が学術書でないことも考慮し、煩雑を避けてその手続きを省略した。

はじめに　釈尊と親鸞

釈尊と親鸞

釈尊、親鸞という名前を聞いても、正直言って、釈尊とはどのような人物であり、親鸞とはどのような人物であるか、よく知らない人も多いのではなかろうか。釈尊はインド人で、いまから二千五百年ほど前に仏教を開いた教主である。親鸞は日本人で、いまから八百年ほど前の鎌倉時代に生き、現在の日本仏教の宗派の一つ「浄土真宗」を開いた宗祖である。それくらいのことは知っている。しかし、その釈尊と親鸞とをなぜ対で取り上げるのか、疑問をもつ人がいるかも知れない。

釈尊と親鸞とでは、民族も時代もまったく異なり、二人の接点は何もない。あえて言えば、仏教が一つの接点となるであろうが、インド仏教と日本仏教とでは、同じ仏教とはいえ内容がかなり相違している。仏教は伝播した国の民俗宗教を排除せず、それを教えのなかに取り入れながら世界に広まった世界宗教であるから、釈尊の仏教と日本の仏教とはただちに結びつかない。そう考えるのが普通であろう。

北伝仏教と南伝仏教

釈尊の教えは、仏弟子たちによって伝持され、スリランカ、タイ、ミャンマーなどの南方に伝わった南伝仏教において伝承されている。

一方、釈尊が逝去して数百年の後に、インドにおいて大乗仏教が興起して新たな展開を遂げ、数多くの経典が説かれることになった。それが、中国やチベットなどの北方に伝わった北伝仏教である。その主流をなす大乗仏教の流れのなかにあるのが、日本仏教である。

大乗仏教の経典は、釈尊によって直接に説かれたものではない。だから、その経典に基づいた日本仏教は、釈尊の教えに直結しない。このように考える人も少なくないのである。ところが、大乗仏教のどの経典も、釈尊の教えを説き明かす真説である、という立場で説かれている。

じつは、インドにおいて大乗仏教が興起したとき、釈尊の教えを伝持してきた仏弟子たちはそれを批判し、大乗仏教の経典は釈尊の直説ではない、と反駁《はんばく》した。しかし、その仏弟子たちによって伝持されている経典ですら、釈尊が逝去しておよそ二百年も後に文字化され、編纂と増補を経てきたものであった。当然、そこに保持されているすべてが釈尊の直説である、と見なすことには無理がある。

しかも、その内容は、出家修行者（比丘《びく》・比丘尼《びくに》）のための教理が基本となっている。釈尊は、一般の在家《ざいけ》信者に対しても数多くの説法をされたはずだが、それらはほとんど含まれていない。したがって、厳密に言えば、釈尊の説法のすべてが仏弟子たちによって保存されている、と見なすことはできないのである。

それでは、釈尊は何を説かれたのか。釈尊の教えとして仏弟子たちによって伝持されている教言に基づきながら、それを文字通りに了解するのではなく、その意味を尋ね明らかにする。釈尊の教えを、出家修行者と在家信者を含めたすべての人びとの救済のためのものとして、浮き彫りにしようとする。――そういう立場に立って説かれているのが、ほかならぬ大乗仏教の経典である。

仏教が伝播した国の民俗宗教と融合し、変質・発展してきたのは事実である。だが、忘れてはならないのは、仏教は「釈尊の教えとは何か」「覚《さと》りとは何か」をずっと問い続けてきた宗教である、ということである。

親鸞の仏教――「浄土真宗」

親鸞は、「浄土真宗」こそが釈尊の教えの正意《しょうい》にほかならない、と確信した。そして、それを仏教の伝統（『釈尊から親鸞へ』（狐野秀存著・東本願寺出版発行）を参照）と教義によって、丁寧に説明した。すなわち、浄土経典のなかの三部経、『仏説無量寿経《ぶっせつむりょうじゅきょう》』『仏説観無量寿経《ぶっせつかんむりょうじゅきょう》』『仏説阿弥陀経《ぶっせつあみだきょう》』に説かれる「浄土真宗」

こそが「大乗仏教のなかの至極《しごく》」であるとしたのである。したがって、ここでは、「浄土真宗」こそが釈尊の教えの正意である、という親鸞の立脚地を、釈尊の仏教に基づきながら究明し説き明かすことができれば、と考えている。

そのためには、釈尊とはどういう人であり、親鸞とはどういう人であるかを知る必要があるだろう。親鸞については、『歴史のなかの親鸞』（名畑崇著・東本願寺出版発行）において、その生涯を中心に解き明かされている。したがって、本書では、釈尊の人柄と思想について説明することとする。釈尊の仏教は、〈いのち〉とは何か、人間とは何かと問う宗教である。こうした視点に立って、釈尊の伝記のなかにある〈いのち〉への問いを見いだしながら、釈尊という人に出遇うことにしよう。

本書では、釈尊の伝記中に〈いのち〉への問いを読み込みつつ、そこで形成されている釈尊の仏教に、親鸞の「浄土真宗」を見いだす試みをしたい。

第一章　釈尊の問い

〈いのち〉とは何か

一 〈いのち〉への問い

ブッダという呼称

いまから二千五百年ほど前、インドにおいては、ブッダ（仏陀）の出現が待望されていた。「ブッダ」とは「眠りから覚めた」という意味で、目覚めた者、智慧をもつ者のことである。いまでは、仏教の開祖である釈尊がブッダとなったことで、それは釈尊固有の名称となっている。ところが、当時のインドでは、固有名ならぬブッダ一般の出現が待望されていた。生まれ変わり、死に変わりを繰り返さなければならない輪廻《りんね》の苦しみ、そこからの解放の道を明らかにする、智慧をもったブッダの出現を待ったのである。それが当時のインドの宗教界であった。

ところで、キリスト教のイエスは、メシアの出現——差別され、虐げられた民族を救ってくれる救い主の出現——を待つ時代背景のなかから誕生した。これを、ブッダの出現待望と比べてみることもできる。インドでは、救い主であるメシアの出現を待ったのではなかった。〈いのち〉を輪廻から解放する覚者（ブッダ）の出現を待ったのである。私たちが安心しきって死んでいける、安心しきって生きていける、その智慧に目覚めた者の出現を待ったのである。

輪廻の束縛からの解放のために〈いのち〉を問う仏教と、この世の支配者からの解放のために天国を求めるキリスト教。二つの宗教の間には、こうした立脚地の相違がある。

仏教という呼称

この釈尊を教主としているのが仏教であるが、「仏教」という呼称は近代になって造られたものであろう。多分、「ブディズム（Buddhism, Buddhisumus, bouddhisme）」という西欧語との関係において定着したのではないか。仏教の内部では自らを「仏教」と名乗ることはなく、「内法」「内道」、あるいは「法（正法）」などという呼称を用いていた。「仏たちの教え」という文脈のなかで、漢訳仏典に「仏教」という用語が見いだされることはあるが、それはもとより宗教としての名乗りではない。

釈尊がブッダとなって「仏教」が成立したのだが、インドではそれをいったい何と呼んだのであろうか。当時の宗教界では、如来《にょらい》の教え、すなわち「如来教」と呼称されていたという用例を、仏教以外の文献のなかに見いだすことができるようである。最初の説法（初転法輪《しょてんぼうりん》）において、釈尊は自らを「如来」、すなわち「真実の世界（如）からやって来た者」と名乗った、というから、そういうこともありえたであろう。

宗教の始まり

さて、仏教の出発点である「〈いのち〉とは何か」という問いは、人間の根源的な問いである。生まれ死ぬ「死すべき身」への問いである。生死する〈いのち〉への問いである。この問いに対して、人類の歴史はさまざまな応答を試みてきた。

多くの民族宗教では、死後に黄泉《よみ》の国を想定することで、自らの死後の安住の地をそこに求めた。たとえば、死して「タマ（霊）」となり、やがては「カミ（神）」となって、幸せを求める人びとを守護する。――日本古来の宗教は、こうした霊信仰によって、〈いのち〉の行く末を想定した。

一方、死すべき身は神によって創造された存在であり、死した後に〈いのち（霊魂）〉は神による最後の審判を経て、その恩寵によって天国に迎えられる。――キリスト教は、こう説いた。

私たちは、必ず生まれて死ぬ身である。世界にはさまざまな宗教があるが、死の問題を解決するのがすべての宗教の課題である。一方、社会がよくなれば人間は幸せになれる。そう信じて、この社会で人間を不幸にしている諸問題を解決しようとするのがヒューマニズムである。

しかし、社会がどんなに豊かになり、どんなによくなろうとも、人は必ず死んでいかなければならない。この根源的な問題は、むろんヒューマニズムによって解決することはできない。それどころか、社会がよくなればなるほど、現在の自己への愛着が深まり、死の闇は深まりを増していく。それを問題としているのが宗教である。その解決の仕方は、さまざまな内容をもって説かれている。

二　〈いのち〉の行方を見失った私たち

死を問わないこと

ところで、現代の私たちは、この生死する〈いのち〉への問いを見失っている。そう言えないであろうか。

その理由の一つは、こうである。私たちにとって〈いのち〉とは、生きていることに関わるだけのものとなり、死から切り離されてしまっているのではなかろうか。肉体的な生命の延長をはかることにおいてのみ〈いのち〉を考え、死をタブー視し、見えなくしている。たとえば、脳死による臓器移植や遺伝子治療などの先端医療も、その例外ではない。そして、私たちは無意識のうちに「人は死ぬけれども、自分は死なない」と、死を他人事として生きている。そうしなければ楽しく生きていけない、という死についての無思想のなかにいる。

死を問わないようにすることによって、生まれ、老い、病んで、死んでいくという、生死する〈いのち〉のありのままのあり方が覆い隠されていく。新たな生命の誕生を、生きている人間にとって好都合のものに変えようとする。老いることを阻止しようとする。治らない病気を根絶しようとする。ひたすら延命を求め、長寿に拍手喝采をする。これが現代である。このように、死を生活のなかから排除して、いつまでも生きていようとし、たとえ死んでも死んでいないと幻想したりする。あたかも死なない〈いのち〉を生きているかのように、物質としての生命の循環が美しく物語られたりするのも、そのためであろう。

科学的な知識論

もう一つの理由は、死あるいは死後について、それは分からないことだという、一種のブラック・ボックス（不可知論）が用意されていることである。死という事実は他者の死によって知ることはできるが、死んだらどうなるかは死んでからでないと分からない。こうした科学的な合理主義の知識論では、死あるいは死後はブラック・ボックスに入れられ、問うことのできない事柄となっている。

科学的に分かるということは、「経験的に実証可能な知識」に基づいている。いまだ経験されていない明日のことは分からないし、ましてや死んでからのことまで分かるはずがない。このような科学的な知識論に立つかぎり、死や死後は不問に付さざるをえなくなる。しかし、私たちは心の奥底に「死すべき身」への畏怖を抱きつつ、ひたすら生命の延長のみを願いながら、必ず死んでいく〈いのち〉への問いを見失っている。

思うに、科学的合理主義では、死の恐怖は解決できない。だから、「死んだら終わり」という現世主義に立って死を諦観する人もいれば、死の恐怖を内に秘めつつ「どうせ死ぬのだから」と刹那的に楽しみを求めて生きる人もいる。

死の闇に包まれたまま、死の恐怖に震え、生きる意味さえ見いだせない。虚しい思いのなかで、どのように生き、どのように死んでいけばよいのか、分からないままに生きていかざるをえないのである。

経済至上主義の終焉

戦後の経済至上主義による物質的な繁栄は、社会が豊かになれば幸せになれる、という生活実感をもたらした。しかし、それは、死への問いを忘れた一時的な実感にすぎなかった。その足元が揺らいでいる現在、いよいよ死の恐怖が身近に迫っている。

思えば、戦後六十数年をへて経済的高度成長の時代も終わり、かつてのように「社会が豊かになれば幸せになれる」という生活実感は破綻し、生きることへの不安が増大する社会となった。戦後の繁栄も人生に喩《たと》えれば六十の坂を越え、いやでも自らの死を身近に考えざるをえない年齢となっている。

今までは人のことだと思うたに
俺が死ぬとはこいつはたまらん
（大田《おおた》蜀山人《しよくさんじん》）

これが、現代に身を置いている私たち日本人の偽らざる現実である。

三　輪廻に束縛された〈いのち〉

輪廻の束縛

死をタブー視するだけでなく、科学的な知識論によって〈いのち〉の死が問えなくなっている。それが現代である。しかし、人はつねに死を恐れ、死後を問うてきた。そのために、さまざまな宗教が成立してきた。それが人類の歴史であった。釈尊によって説かれた仏教も、その一つである。

仏教は、いまから二千五百年ほど前に、インドにおいて成立した。だが、当時のインドでは、独特の生命観が定着しつつあった。生きている間の行為（業《ごう》）の報いを受けて、死に変わり、生まれ変わりを永遠に繰り返しているのが〈いのち〉である、という生命観である。いわゆる「業報《ごうほう》による輪廻《りんね》転生《てんしょう》説」である。

これは、実体的に考えられた生命としての〈いのち〉の流転である。過去世から現在世へ、現在世から未来世へという三世にわたる流転・繰り返しである。あるいは、永遠不滅の霊魂（インドでは、一般的には「アートマン（ātman・我）」と称せられている）による〈いのち〉の転生である。

現在でも、インドの多くの人びとは、流転し転生を続ける〈いのち〉のあり方を信じている。もし生まれ変わって牛となったら、繋《つな》がれて生きなければならない。もし生まれ変わって鳥となったら、射られるかもしれない。もし生まれ変わって薔薇《ばら》となったら、摘み取られてしまうであろう。たとえば、こうした言い習わしで、それは語られている。

輪廻の世界からの解放を求めながらも、それが叶わないのであるならば、再び人間に生まれ変わることを神に祈る。ヒンズー教をはじめとするインドの伝統的な宗教は、この輪廻の世界から解脱《げだつ》し、解放される道を説いている。しかし、輪廻からの解脱・解放は、よほど優れた修行者でなければ実現できず、一般の信者はその呪縛から逃れることができない。どうしても輪廻を繰り返さなければならないならば、いまの世よりももっと幸せな人間として生まれ変わることを、神に祈るほかない。

しかも、神に祈ることができるのは、人間として生まれているいまの世である。もし未来世に牛に生まれ変わってしまったら、祈ることさえできなくなる。人間として生まれている現在世において、神に祈りをささげなかったら、祈りをささげるチャンスを失ってしまう。そのために、人間として生まれたのである。そういう考えに、おのずと導かれていく。

現在世と結び合った生命観

業報による輪廻転生という〈いのち〉のあり方は、現在世と深くリンクした生命観となっている。

それは一方では、現在世において善を作《な》さしめ、悪を作さしめない、という宗教倫理をおのずと形成することになる。しかし他方では、「生まれの差別」

もまた、同時に作り出すことになった。自分の行いの報いによって生まれ変わりがあるがゆえに、善いおこないをしないと次の世は苦しい生まれとなる。たとえば、現在世に奴隷として生まれたのは、過去世における悪行の報いである、というのである。

倫理的な抑止力と同時に「生まれの差別」を作り出すもの、それが現在世に深くリンクした輪廻転生という生命観である。

私たちは、常識的に「善因楽果《ぜんいんらっか》、悪因苦果《あくいんくか》」（善きおこないが因となって楽という果があり、悪いおこないが因となって苦という果がある）ということに、何のためらいも感じていないが、そこには、輪廻転生説と結び合った差別的な発想が介在しているのではなかろうか。なぜならば、現にいま「苦果」を得ている人たちを当然と見なし、「楽果」を得ている人たちを正当化することになりかねないからである。

このような生命観は、自己存在の永続を願望する固執《こしゅう》によって形成されている、と言うべきである。しかし、それはまた、その固執が作り出している輪廻流転の世界からの解放と、それを実現してくれるブッダの出現とを、ともに求めることになるだろう。

インド人は自己存在に対する固執が強いため、輪廻転生という独特の生命観が作り上げられたのだろうか。しかし、それが自らを束縛するがゆえに、解放を願わざるをえない、そうした二律背反をその生命観は内包していた。

我執と我所執

のちに仏教の教理が仏弟子たちによって整理されたとき、人間がもってはならない誤った見解が五つある、とされた。それは「五見《ごけん》」と呼ばれ、「十大煩《ぼん》悩《のう》」や「根本煩悩」のなかに数え入れられている。

「煩悩」とは、自我――自分の思い通りに生きようとすること――によって作り出される心のはたらきをいう。それは、〈いのち〉の真実のあり方を知らない無知から生まれる。釈尊の仏教を伝承する仏弟子たちの一学派では、百八つの煩悩を説き、その根本として「十大煩悩」を数えるが、その半数を占めるのが「五見」である。

そして、その最初が「有身見《うしんけん》（薩伽耶見《さつがやけん》）」、読んで字のごとく「自分の身体は確かな存在である」とする見解である。その内容は、「我執《がしゅう》」と「我所執《がしょしゅう》」とに分けられる。

「我執」とは、「〝私は〟となすこと」である。私たちは毎日、「私は」という主語を使いながら生きているが、そこにおのずと形成される自己への固執、それを「我執」という。「我所執」とは、「この身体は〝私のもの〟であるとなすこと」である。私たちは日頃、この身体は私の所有物であり、私の自由勝手にしていい、と決めこんで生きている。そこに形成されるのが「我所執」である。

このように、私たちは「我執」「我所執」という執着によって生活をしているが、それが最も誤った考え方である「有身見」として、伝統的な教理において定められている。この「有身見」を作り出しているものが、ほかならぬ自我である。
釈尊がつねに「自己存在に対する固執を捨てよ、我執・我所執を捨てよ」と説法していたのも、このためである。自己と自己の身体に固執するあまり、自らの〈いのち〉を失うことなく生き続けたいと望む。こうした執着によって輪廻転生の世界が形成されているのだから、「有身見（我執・我所執）」を捨てることによって、輪廻の世界はおのずと解消していく。それが釈尊の教えの根幹である。

輪廻を超えて

たとえば、釈尊は『スッタニパータ』において、こう説いている。

この身体に対するむさぼりをまったく離れた人には、もろもろの煩悩は存在しない。だからかれは輪廻に流転する死に支配されることはない。

（第一一〇〇偈）

生まれ変わろうとする深層の欲望を断ち切り、心静かな出家者は、生まれ変わり死に変わりしていく輪廻の流れを渡りきって、二度と生まれ変わること（再生）はない。

（第七四六偈）

果てしない輪廻の洪水であるのは、いつまでも生まれ死ぬ世間的存在でありつづけようとする深層の欲望である。

（第九四五偈）

くり返して再生してこのまま生きていく存在であろうとする深層の欲望を起こさないようにするがよい。

（第一〇六八偈）

また、次のようにも説いている。

この世からあの世へと繰り返し繰り返し、生まれ死ぬ輪廻を受ける人びとは、無知こそによって赴くのである。この無知とは「いのち」の真実のあり方を知らない大いなる愚痴であり、それによって長い流転があるのである。しかし、明智に達した生けるものたちは、再び輪廻に赴かない。

（第七二九〜七三〇偈）

当時のインドでは、智慧を得た者の出現が待たれていた。生まれ変わり、死に変わりを繰り返す輪廻を生き続けなければならない、そうした生死の流転を断ち切る者（ブッダ）の出現である。

輪廻転生を説く宗教の世界において、仏教はそれを否定した。生死の世界から出離する〈いのち〉への見定めを、明確にしたのである。輪廻に流転する〈いのち〉という生命観がもしなかったならば、仏教は成立しなかったかも知れない。

こういう歴史的背景のもとで、釈尊の仏教は誕生した。

第二章　釈尊の伝記における〈いのち〉への問い

一　「唯我独尊」という誕生偈

シッダールタ＝目的が成就した

さまざまな伝記によれば、釈尊はいまから二千五百年ほど前に生まれた、という。北伝仏教（中国、チベットを中心とする仏教圏）では紀元前四六三年、南伝仏教（スリランカ、タイ、ミャンマーなどの仏教圏）では紀元前五六五年という年が当てられている。

現在ではネパール領となっている、北インドのカピラ城でのことである。ここを王城とする釈迦族のスッドーダナ（浄飯《じょうぼん》）王とマーヤー（摩耶《まや》）夫人との間に、両親晩年のただ一人の嗣子《しし》（王子）が誕生した。王子は、ゴータマ・シッダールタと名づけられた。ゴータマは姓、シッダールタは名で「目的が成就した」という意味である。そこには、待望していた世継ぎ誕生に対する、両親の喜びが表れている。

一方、シッダールタという名には、将来ブッダとなるべき人が生まれて、まさしく「目的が成就した」という意味が込められている。――後のことになるが、仏陀の伝記（仏伝）において、こうした解釈がなされている。そうであるならば、この名は誕生したときにつけられたのではなく、仏伝のなかで作られた、ということになるであろう。それが本名であったかどうかは、学術的に証明されているわけではない。伝記のなかで記されているだけだからである。

しかし、それは本名であり、世継ぎ誕生への両親の喜びの表明である。そのように、了解するのがやはり自然であろう。

アシタ仙人の予言

誕生日は、インドの暦法から換算して、四月八日とも二月八日ともされている。マーヤー夫人が出産のため故郷デーヴァダハに帰る途中の、ルンビニー園でのことであった。夫人は出産後すぐに亡くなり、シッダールタは母の妹であるマハーパジャーパティーによって養育された。このマーヤー夫人の妹は、後にスッドーダナ王の妻となった。ちなみに、母親のマーヤーという名は「幻」という意味である。出産後間もなく亡くなったということで「幻（マーヤー）」と名づけられたとも考えられるが、そうであれば、これは本名ではなく物語のなかでの命名なのかも知れない。

シッダールタの将来を占ったアシタ仙人は、「この王子はやがて全世界を統一し、理想の国を実現する転輪聖王《てんりんじょうおう》（『マヌ法典』に説かれている、古代インドにおける理想の王）となるであろう。もし出家すれば、全人類を輪廻《りんね》の世界から解放するブッダ（目覚めた者）となるであろう」と予言し、自分が老齢のためそれを見届けることができないのを悲しんだ、という伝説が残されている。

輪廻の世界に流転する人びとは、「生まれの差別」を改革してくれる世間的な転輪聖王の出現を待望していた。また、業報による輪廻の束縛そのものから解放してくれる出世間的な覚者（ブッダ）の出現を待望していた。そうした時代を、この伝説から垣間見る《かいまみ》ことができるだろう。

天上天下　唯我独尊

伝記によると、シッダールタは誕生してすぐに七歩あゆみ、こう宣言したという。

天上天下《てんじょうてんげ》　天にも地にも、
唯我独尊《ゆいがどくそん》　ただ我れ独り尊し。

これは「この世において、自分だけが尊い者である」という意味に受け取られるような宣言であった。先のアシタ仙人の歎きからも知られるように、仙人は生まれたばかりのシッダールタを占い、「転輪聖王かブッダとなる最上の人である」と讃えた。その伝説が展開をみて、シッダールタ自身がこう宣言した、とされるに至ったのであろう。釈尊こそ、すべての人びとを輪廻の苦しみから救済するためにこの世にお生まれになった、最も尊いお方である。こうした意味を込めて、この挿話となったものと考えられる。

『仏説無量寿経《ぶっせつむりようじゆきよう》』においても、この宣言は「吾《われ》はまさにこの世において無上《むじよう》尊《そん》となろう」と説かれている。もとより、生まれたばかりの赤子がこのような発言をするはずがない。「誕生偈《たんじようげ》」の「唯我独尊」という言葉が「自分だけが尊い」という意味に受け取られたならば、高慢以外の何ものでもないであろう。そのために、釈尊を好まない儒学者や国学者が江戸時代に何人かいた、とも聞く。

しかし、シッダールタにこう宣言させるに至ったのは、単に伝説の展開によるものなのであろうか。そう片づけてしまってよいのであろうか。後に仏陀となり釈尊と称えられるシッダールタの誕生であったからこそ、その「誕生偈」をもって仏教の誕生の立脚地を示そうとしたものだ、と了解すべきであろう。——こうした解釈が、明治時代になってから新たに生まれてきた。

私たちは、それぞれの〈いのち〉、比べることのできないオンリー・ワンの〈いのち〉を生きている。かけがえなく尊い者として、それぞれの〈いのち〉が等しく「唯我独尊」であり、「無上尊」である。釈尊の〈いのち〉ばかりでなく、一切衆生《いっさいしゅじょう》（すべての〈いのち〉あるもの）の〈いのち〉もまた「唯我独尊」なのである。これこそが、仏教の立脚地だからである。

こうして「誕生偈」は、仏教の〈いのち〉に対する基本的な立場を表明しようとしたものとして、再解釈されるようになったのである。

分別＝比べる心

現在では、競争社会のなかでナンバー・ワンを目指すことが大きな目標となっている。そこに何か空しさのようなものを感じ取っているのが、いまの人たち、とくに若い人たちではなかろうか。ナンバー・ワンとは、人と比べて生きることである。人を乗り超えて生きていくことである。ベターに生きよう、ようりうまく生きようとするのが、とりわけ競争社会に身を置いている私たちの基本的なスタンスとなっている。

競争社会とは、経済的な社会生活に限ったことではない。オリンピックに代表されるスポーツ界においても、身体の健全（体育）という目的が競争という目的にとって代わられて、経済的な利益さえも保証する、そんな社会となっている。

それに対し、オンリー・ワンは、ベターに生きることではなく、ベストに生きることである。比べる必要のない、それぞれの〈いのち〉がベストに生きようとすることである。

そうした生き方を拒む要因は、私たちのなかにある。他と比べて生きようとする心がそれである。比べる心を、仏教では「分別《ふんべつ》」という。比べる心が私たちにさまざまな苦悩やストレスをもたらすのだが、そこにいるかぎり、他と競争し続けるベターな生き方しかできないのである。

そこで、「分別」を超えていく「無分別」こそが、仏教の覚《さと》りの基本となるのである。比べる心をもったとき、私たちは上に位置づけた者に対しては卑屈になり、下に位置づけた者に対しては傲慢になっていく。しかも、ナンバー・ワンであることは長くは続かず、必ずや追い落とされる運命が待っている。そういう生き方に終始するとき、人間の不幸がどんどん増幅されていく。比べる心を乗り超えたところに、ベターな生き方ではなく、一人一人がベストに生きる生き方が姿を現してくる。

〈いのち〉の光り

『阿弥陀経《あみだきょう》』に、こう説かれている。浄土（釈尊の覚りの世界）にあって、私たちの〈いのち〉は比べられることなく、それぞれベストに光るのだ、と。

青色青光《しょうしきしょうこう》　　青色は青く光り、
黄色黄光《おうしきおうこう》　　黄色は黄に光り、

赤色赤光《しやくしきしやっこう》　赤色は赤く光り、
白色白光《びやくしきびやっこう》　白色は白く光る。

他の色と比べられないのだから、青の色は青く光ればいい。青の色が赤く光る必要はなく、青の色が赤く光ることはできない。青と赤とを比べることはできない。それぞれが、青は青として、黄は黄として、赤は赤として、白は白として光っている。そういう〈いのち〉のあり方を、「誕生偈」は示している。それが仏教の出発点であり立脚地である。そう了解すべきではないか。

二　〈いのち〉は平等

四門出遊の物語

シッダールタ王子の出家の動機は、「四門出遊《しもんしゅつゆう》」の物語として伝えられている。

王子は、カピラ城の城外を見学するために、東門から出て老人に出遇い、南門から出て病人に出遇い、西門から出て死人に出遇い、その都度、心はもの思いに沈み込んでいった。そして、王宮に引き返しては、部屋に閉じこもってしまった。最後に、北門から出て沙門《しゃもん》に出遇い、その清楚な眼差しに感ずるところあって、やがて自らも沙門となって出家する。こういう内容である。

この物語には老・病・死の三苦と、苦しみの世界からの解放を求めて遍歴する沙門との出遇いが語られている。「沙門」とは、「シュラマナ（śramaṇa, samaṇa)」という原語の音写語であり、「努め励む人」という意味である。当時、各地に宗教家が現れ、輪廻の束縛からの解放を説くようになっていた。沙門とは、その説法を聞こうと各地を遍歴しながら、自らも静閑地で輪廻からの解放の道を思索し、瞑想に励んでいた者のことである。

ところで、出家の動機を語るこの物語には、「生苦」（生まれることの苦しみ）が含まれていない。仏教における最も基本的な四苦（生苦、老苦、病苦、死苦）のなかの、最初の「生苦」が取り上げられていないのである。なぜであろうか。

じつは、私たちも、生まれることを「苦」とは考えず、歳をとり、病気をして、死んでいくことを「苦」と考えている。城内で優雅な生活を送っている人たちもまた、生まれの苦しみ（生苦）は実感していなかったのであろう。現代の私たちと同じである。それを、この物語は示唆しているのではなかろうか。

また、王子は城外に出て、衰えた老人に出遇い、病に苦しむ病人に出遇い、屍《しかばね》となった死人に出遇って慄然《りつぜん》とし、深いもの思いに陥った。

それでは、城内での日常生活において、老人、病人、死人ははたして存在しなかったのであろうか。こうした人たちの姿は、王子がけっして眼にしないよう隠されていた、と物語られている。これは何を意味しているのであろうか。あたかも現在の私たちがそうであるように、虚飾に満ちた城内では、身体の老化は化粧や美しい衣服によって覆われていた。病気になれば医者の治療が施され、屍は速やかに葬られて死の事実は隠された。そういうことであろう。

生・老・病・死

このことについて、釈尊は、次のように説いている。

世間の愚かな人たちは、おのれ自身、老いるもの・病むもの・死ぬものであり、老いること・病むこと・死ぬことを避けられぬ身でありながら、他人の老い・病い・死を見て、あざけったり厭《いと》ったりしている。わたし自身もまた、老いるもの・病むもの・死ぬものであり、老いること・病むこと・死ぬことを避けられぬ身である。わたし自身、老いるもの・病むもの・死ぬものであり、それを避けられぬ身でありながら、他人の老い・病い・死を見て、あざけったり厭ったりすべきであろうか。これは正しいことではない。

わたしはこのように考えて、青春に対する空しい誇りと、健康に対する空しい誇りと、生存に対する空しい誇りとをすべて棄てた。

同じように、私たちもまた、若さを保って老化を防ごうとし、健康に留意して病気に罹《かか》らないようにし、生命を保持し続けようとして生きている。それだけではない。老人を見たら哀れんで蔑み、病人を見たら病気が移ると遠ざけ、死人を見たら汚いと言って忌み嫌う。そういう思いをもって生きているのが私たちである。単に自分が歳をとり、病気をして、死んでいかなければならないことに苦悩するというのではない。自身の若さをもって老人を蔑み、健康をもって病人を遠ざけ、この世での延命をもって死人を忌み嫌う。そのように、若さを誇り、健康を誇り、生きていることを誇っている。必ずや老・病・死に帰していくにもかかわらず、それらを誇っている。

そのような虚飾に満ちた生き方に疑問を抱いた王子は、城外に出て、生・老・病・死（四苦）そのものを生きる〈いのち〉の現実に出遇った。そこに〈いのち〉の自然な姿を見た。老・病・死という三苦の根底に、輪廻に流転する生苦という〈いのち〉そのものの現実を凝視した。輪廻の世界に生まれることからの解放を求める人びとにとって、輪廻の世界に生まれることの苦しみ（生苦）こそが、解決されなければならない最も根源的な苦であったからである。

王子が城外で見た現実は、生まれたこと自体が苦しみでしかない、多くの人たちの生苦の姿であった。そこで城のなかにはない生苦そのものに出遇うことによって、いままで隠されていた本当の意味での老・病・死に目覚めたということであろう。

城外で見た現実

さらにシッダールタ王子の目にとまったのは、奴隷や、城内に入ることのできない多くの差別された貧民たちの姿であった。生まれたこと自体が苦しみでしかない者たちである。そのような生苦の現実を目の当たりにして、王子はショックを受けたのではなかろうか。

輪廻の世界においては、たとえば、過去世における悪行の結果、奴隷に生まれなければならない。「生まれの差別」のゆえに、軽蔑され、唾《つば》を吐きかけられ、足蹴《あしげ》にされて、惨めな生・老・病・死を余儀なくされる。多くの人たちのこうした生きざまこそ、王子にとって堪えられない悲惨な城外の現実であった。

王子は、自らの地位と妻子とを捨てて出家した。それは単に、生・老・病・死（四苦）を生きなければならない、個人的な苦悩の解決を求めただけのものではなかった。惨めに生まれ、惨めに歳をとり、惨めに病気をし、惨めに死んでいく多くの人たちの四苦の現実が目の前にあった。王子は、この現実を生じさせる輪廻の束縛を問い、その答えを求めて出家した。そう見るべきではなかろうか。

妻子という家族や釈迦族という門閥への顧慮をすべて断念して、輪廻に生まれ死ぬ〈いのち〉そのものを解放するために出家した。一切衆生（すべての〈いのちあるもの〉）の救済のための出家であった。この物語を、そう読み取るべきであろう。

釈尊は、出家の目的を次のように説いている。

何ゆえにわたしは、おのれ自身、生まれ老い病み死ぬ性質のものであり、悲しみあり汚れある性質のものでありながら、同様に生まれ老い病み死ぬ性質のものである輪廻を求め、同様に悲しみあり汚れある性質のものを求めているのか。おのれ自身、生まれ老い病み死ぬ性質のものであり、悲しみあり汚れある性質のものであるなら、生まれ老い病み死ぬ性質のものの中にわざわいあるを知り、悲しみあり汚れある性質のものの中にわざわいあるを知って、生まれることなく老いることなく病むことなく死ぬことのない、悲しみなく汚れのない、無上なる静寂な「涅槃《ねはん》」を求めねばならないではないか。

ここに、輪廻の世界から解放されたあり方が「涅槃」として説かれている。後に詳説するように、これこそが釈尊によって覚られた覚りの内実である。

〈いのち〉の平等

当時の宗教家たちは、輪廻の世界からの解放を模索し、その実現を目指していたが、シッダールタ王子だけは視点が違っていた。王子はカピラ城外で、惨めな生・老・病・死を生きる多くの人たちの生きざまを目の当たりにした。かれらの〈いのち〉と、王宮で優雅な生活をしている自分たちの〈いのち〉

とに、どのような区別があると言えるのか。ともに生・老・病・死する同じ〈いのち〉なのではないか。すべての生きとし生けるものの〈いのち〉は無条件に平等でなければならない。王子はこう直感した。輪廻の世界によって作り出されている「生まれの差別」への凝視が、こうした直感を導いたのであろう。

「生まれの差別」とは、民族の相違、職業や家柄の相違などに起因する身分の固定化をいう。後代になって、カースト制度と呼ばれるようになるものの先《せん》蹤《しょう》であった。「カースト」とは「血統」「純血」という意味であり、その血統を守るためにいくつかの社会集団が形づくられた。集団の間には序列が設けられ、カーストを異にする者とは結婚ができず、食事さえもともにできないなど、厳しい規制が設けられていった。カーストの数は数千にも及ぶとされているが、それはおおむね、バラモン（司祭者）、支配者（王族）、庶民、被支配者（奴隷）の四階級（四姓《しせい》）に大別され、近代までインド社会の基礎となっていた。

宗教家たちは、「生まれの差別」を作り出す輪廻の世界を容認したうえで、そこからの解放を模索した。一方王子は、すべての〈いのち〉は無条件に平等でなければならない、と考えた。差別を作り出している輪廻の世界そのものを、根底から疑問視したのである。ここに、釈尊の視点に基づく仏教の立脚地がある。

仏教のサンガ(教団)が成立すると、そこにおいては、社会的な身分などの「生まれの差別」はすべて否定された。

釈尊の涅槃図

釈尊は、次のように説いている。

出家者たちよ、あたかも、それが如何《いか》なる河であろうとも、たとえば、それがガンジス河、ヤムナー河、アチラヴァティー河、サラブフー河、マヒー河であっても、それらが大海に達したならば、もとの名と姓とを捨ててただ大海とのみ称せられるように、出家者たちよ、バラモン、王族、農・工・商の庶民、奴隷という四姓のかれらは、如来《にょらい》の教えられた法と、律《りつ》（出家生活の規則）とにおいて家より家なき出家の生活に入ったならば、もとの名と姓とを捨てて、ただ沙門なる釈迦の子に所属するものとのみ称せられる。

また、『スッタニパータ』において、同じことが次のようにも説かれている。

生まれによって貴い人となるのではない。
生まれによって卑しい人となるのではない。
なにを行うか、その行為（業《ごう》）によって、
貴い人ともなり、卑しい人ともなるのである。
（第一三六偈ほか）

このような〈いのち〉の平等は、仏典において「一切衆生・一切有情《いっさいうじょう》」（すべての〈いのち〉あるもの）という、仏教独自の美しい語句で説かれている。

ちなみに、釈尊の臨終の様子を描く多くの涅槃図において、沙羅《さら》の双樹《そうじゅ》の間に臥《ふ》す釈尊を取り囲み歎き悲しんでいるのは、人間だけではない。鳥獣たちも、また泣いている。〈いのち〉の平等は、こうした図柄によっても、象徴的に示されている。これこそが、他の宗教と仏教との根本的な相違である。

〈いのち〉は、無条件に平等でなければならない。これは、王子の直覚（直感）であった。では、どうしてそう言いきれるのか。直覚を説明する《道理》が発見されることによって、王子は覚りを成し遂げ、ブッダ（仏陀）となる。

三　輪廻転生する〈いのち〉の解放を求めて

精神への問い（修定）

〈いのち〉は平等でなければならない。シッダールタ王子は、そう直覚した。自らの〈いのち〉の存続を強く願う自己存在への固執によって、より幸せな来世に思いを致し、輪廻に転生することを求める。そうすることで、「生まれの差別」が形成されていく。そのような人間を、輪廻の世界から解放するにはどうすればよいのか。王子はこう問い、人間存在そのものを解明しようとした。

かくして、沙門となって出家修行の旅に出た王子は、自らの問いに応答してくれる師を尋ね歩いた。当時、インドの各地では、名声を馳せた宗教家たちが自らの極めた、輪廻からの解放の道を説いていた。

師を探し求めていた王子は、修定《しゅうじょう》主義者を訪れた。「修定」とは、精神と肉体とからなる人間存在のなかで、精神の陶冶《とうや》に眼目をおき、邪念を制御して自己存在に対する固執を無化しようとする修行である。瞑想によって心のはたらきを無化し、自己存在に対する固執を滅する。それができるならば、「有身見《うしんけん》（我執《がしゅう》・我所執《がしょしゅう》）」（自分の身体は確実に存在する、と自己存在に執着する考え方）も また滅する。つまり、私たちの自己存在に対する固執の根源を意識に求め、それを滅ぼすことによって輪廻からの解放を実現しようとする。これが修定だった。

輪廻の世界からの解放のためには、精神の陶冶が大切である。しかし、それに共感しつつも、王子は満足を示さなかった。「有身見」の根源である意識を完全に滅ぼすことは、はたして可能なのであろうか。たとえ可能であるとしても、意識のない人間生活に解放の実感はありえないのではなかろうか。

意識をもっているがゆえに、美しい花を見て美しいと感動する。そういう意識を無化してしまったら、感動する心をもなくしてしまうことにならないであろうか。そうであるならば、たとえ精神的に輪廻の世界から解放されたとしても、それが本当の解放となるのであろうか。こうして、さまざまな疑問を抱いた王子に対して、師からは納得のいく回答が得られなかった。

身体への問い（苦行）

そこで王子は、輪廻の束縛からの解放は自らの刻苦精励《こっくせいれい》によって実現されるべきである、と考えた。身体を無化するならば、清浄な自己が輝き出る。「有身見（我執・我所執）」を打ち破ることは、そのことによって実現されるのではないか、というのである。

王子は、苦行生活に入った。「有身見」は、身体の活動が旺盛《おうせい》であることによって起こるのではないか。そこで、身体を苦しめ、その活動を抑制すれば、清浄な自己が輝き出て、「有身見」を断ち切ることができるはずである。そのための苦行生活であった。人間の欲望である「有身見」の根源がもし身体にあるならば、そのはたらきを無化することによって、欲望は消滅する。そうなれば清浄な自己が輝き出て、輪廻に転生せしめる「有身見」は消滅していく。これが苦行主義である。

王子の苦行生活は、五人の修行者とともに、六年に及んだ。枯木のように痩せ衰え、生きた屍のようになるまで苦行を実践した。だが、苦行一辺倒の修行は身体を疲労困憊《こんぱい》させ、意識のはたらきを朦朧《もうろう》とさせるだけであった。清浄な自己が輝き出て「有身見」を断ち切る、という目的を達成することができなかった。苦行の無益であることを悟った王子は、ついに苦行生活を捨てる決心をした。

清浄な自己が輝き出ることを期待したこの苦行は、頼りになるはずの「自我」の存在を確かめる、命がけの実験であったともいえる。私たちは日ごろ、「私が生きていて、私が死ぬ」と思っているが、その「私」とは、はたして確かな存在なのであろうか。もし確かな存在であるならば、身体が無化されることによって、その「私」は輝き出るはずであった。

十七世紀のフランスの哲学者デカルトは、『方法序説』のなかで、「私」すなわち「自我」の存在について考えをめぐらした。私たちはすべてを疑うことができるが、疑っている「私」だけは疑いようがない。であるならば、そこに「私」という自己の存在を想定しないわけにはいかないであろう。それが「我思う、ゆえに我あり」という、有名な「自我」の発見である。

しかし王子は、命をかけた苦行生活を通して、身体に関係なく存在する「私」はありえない、と実験的に確認した。この苦行生活こそが、まもなく実現される「正覚《しょうがく》」の素地を整えることになるのである。

苦行の放棄から覚りへ

苦行は無益であった。そう見定めた結果、王子は覚りを成し遂げ、ブッダとなったのである。

だが、ともすると、覚りは苦行の結果である、と了解されがちである。確かに時間的な推移からすれば、六年間の苦行があり、その後に覚りを得た、と捉えることはできるが、しかし、伝記は苦行の無益をはっきりと説いている。苦行の放棄の結果として得られたものこそが覚りである。それを、あらためて確認しておくべきであろう。

出家者よ、このような振る舞い、このような実践、このような難行をもってしても、私は常人の教えを超えた、際だってすぐれた、聖者の知見を獲得することはできなかった。それはなぜであるか。そのための聖なる智慧が「縁起の道理」によってまだ獲《え》られていなかったからである。この聖なる智慧が獲られたなら、それはすなわち聖なる導きであり、それに従って実践する者は正しく苦の消滅（涅槃）へと導かれるのである。

ちなみに、王子は苦行を捨てたけれども、修定という修行方法は仏教のなかに取り入れた。「禅定《ぜんじよう》」（心を一つの対象に集中する訓練としての瞑想・心一境性《しんいつきようしよう》）、あるいは「三昧《さんまい》」（一つのことに心が専注された状態）と表現されるものがそれである。

六年の苦行の座からかろうじて身を起こして立ち上がった王子は、近くを流れるネーランジャラー（尼連禅《にれんぜん》）河で身を洗い、疲労困憊を回復すべく、やっとの思いで岸辺に身を横たえた。折しも、そこを通りかかった村の女スジャーターから乳粥《ちちがゆ》の施しを受け、衰えた体力を回復していった。このことについても、釈尊はこう語っている。

私が乳粥を口にしたので、かれら五人の修行者たちは私をうとんじ、「沙門ゴータマはぜいたくである。苦行を捨てて、奢侈《しゃし》にながれてしまった。」と考えて、私から離れ去った。

六師外道の教え

ところで、シッダールタ王子と同様、輪廻の世界そのものを否定しようとした多くの沙門たちがいた。仏教の伝承のなかに、かれら沙門たちのうち六人の教えが「六師外道《ろくしげどう》」の教えとして語られている。

六師の見解は、初期経典である『沙門果経《しゃもんがきょう》』や大乗経典の『大般涅槃経《だいはつねはんぎょう》』に説かれている。『沙門果経』の「果」とは、沙門たちの教えによって導かれる「結果」としての解脱《げだつ》を意味している。『沙門果経』と『大般涅槃経』に説かれる六師外道の教えでは、五人までがほぼ一致する。

同じ沙門として出家した王子は、六人の見解から多くのことを学んだ。かれらが「六師」(六人の先生)と呼ばれていることからも、それは知られる。その具体的な内容については、いまは言及しない。一方「外道」とは、「仏教以外の教え」という意味である。その見解のみを、ここで概略してみよう。

ある師は、「死ねば地水火風の四元素となるだけであり、輪廻に転生することなどはない」と唯物的な生命論を説いた。

ある師は、「善悪の行いの報いを受けて輪廻に転生することなどはない」と道徳を否定した。

ある師は、「人を刀で切り裂いても、それは人間存在を構成している元素を分断しただけで、殺人という悪行にはならない。それゆえ、その報いを受けて輪廻に転生することはない」と罪業《ざいごう》の不成立を説いた。

ある師は、「行いの報いを受けて輪廻に転生するのではなく、毛糸の玉が解けてなくなっていくように、いずれ輪廻は自然に消滅する」と自然解脱《げだつ》論を説いた。

ある師は、「輪廻の世界に転生するかしないかは、死んでみないと分からない」と説いた。

ある師は、「この身体は過去世の業《ごう》（行為）によるものであり、苦行と不殺《ふせっ》生《しょう》を実践することによって、身体から命（霊我《れいが》）が離脱し輪廻から解放される」と説いた。

罪業の問題

王子は、業報による輪廻を否定する六師から多くのことを学んだが、かれらの見解に同調することはできなかった。かれらは、自らの行い（善悪の業）に束縛され、自らの罪に苦悩する人間の現実を直視していなかった。因果応報の罪業の束縛から解放される道も、語られることはなかったからである。たとえ道徳を否定しても、現にいま善悪の業に束縛され、自らの罪悪を慚愧《ざんぎ》して苦悩している人間の現実とは何か、という問いがそこには欠落していた。

六師は、罪業の問題を無視していた。一方、仏教は自らの行いの報い（業報）ということを非常に重視し、その苦しみから人間を解放していくことを主題としている。これが、六師外道と仏教との決定的な違いである。

釈尊における罪業の問題は、「王舎城《おうしやじよう》の悲劇」という物語（詳細は、第四章を参照）に端的に表れている。父王を殺害して王位を奪った阿闍世《あじやせ》王の苦悩に対して、罪業の有無が問われるのである。王の「悪」を正当化する家臣たちは六師外道の教えを次々と紹介し、説得に努めるのだが、阿闍世王の苦悩はいっこうに解消されず、最終的に釈尊の説法によって救われていく、という物語である。

業報による輪廻転生という〈いのち〉の流転を説くインドの宗教界において、六師外道の師たちは輪廻そのものを根本から否定した。唯物的生命論に立つ。道徳否定に立つ。罪業の不成立に立つ。自然解脱論に立つ。あるいは、死後は不可知であるという、現代人と同じような科学主義に立つ。また、輪廻転生をこの世限りとするための苦行主義に立つ。

六師外道の教えは、沙門たちの教えとして、少なからず釈尊に影響を与えたと考えられる。しかし、王子にとって、それはあくまで一つの通過点に過ぎなかった。

四　仏陀の誕生

Ⅰ　釈尊の正覚

降魔成道

苦行を捨て、体力を回復したシッダールタ王子は、ネーランジャラー河にほど近いウルヴェーラー村の、アシュバァッタ樹の下の平らな石に座して、静観《せいかん》に入った。そこで王子は、内心に大自覚のおおいに高まるのを覚えた。静観の座において正覚《しょうがく》を成し遂げる（成道《じょうどう》）までに要した日にちは、わずかに七日間であった。ときに王子は三十五歳。正覚に到達した「ブッダ（Buddha・仏陀）」の誕生である。「ブッダ」とは、「眠りから目覚めた者」という意味である。

正覚を成し遂げ仏陀となった王子は、これ以後、「釈迦牟尼仏陀《しゃかむにぶつだ》」（釈迦族の聖者である覚者）と呼ばれることになる。ここで「釈迦」という族名が強調されているが、その族名も一つのカーストと見なされていたからであろうか。ともかくも、仏教はその最初期に、「釈迦族の者の教え」と呼ばれていたようである。こうして私たちは「釈迦牟尼仏陀」を、尊敬をこめつつ「釈尊」（釈迦族の尊者）と略称するのが普通である（以下、釈尊において使われる「ブッダ」の呼称は、すべて「仏陀」と表記する）。

正覚を成就された成道の日は、インドの暦法では二月八日とされ、中国の暦法では十二月八日とされる。満月の夜の明け方であった。

ちなみに、その場所はのちにブッダガヤー（仏陀の町）と呼ばれ、仏教における最大の聖地とされた。また、無花果《いちじく》の一種であるアシュバァッタ樹は、その下で正覚が成し遂げられたことから、「菩提樹《ぼだいじゅ》」と通称されるようになった。「菩提」とは、「正覚」の原語「ボーディ（bodhi）」の音写語である。また、静観のときに座った石の台座は、のちに「金剛宝座《こんごうほうざ》」と呼ばれるようになる。正覚があらゆる障碍《しょうげ》を粉砕することを、金剛石（石のなかでも最も固いダイヤモンド）

に喩《たと》えたのである。

ところで、釈尊が覚りを成し遂げようと菩提樹の下で端座していたとき、種々の悪魔が現れて、誘惑したり脅迫したりした。釈尊は、こうした成道の妨害をことごとく降伏せしめた、という。「降魔成道《ごうまじょうどう》」の物語である。

覚りを成し遂げようとする釈尊の前に、悪魔の軍団や魔女がやってきては、誘惑する。「転輪聖王《てんりんじょうおう》となって、この世界を理想の世界にしようではないか」、「私たちのリーダーになってくれ」と、悪魔の軍団が唆《そその》かす。また、魔女が現れ、しなやかな媚態《びたい》をもって誘惑する。こうして、釈尊の前に悪魔の軍団や魔女たちが現れると、そのたびごとに帝釈天《たいしやくてん》が姿を現して「悪魔よ、去れ」と一喝する。

帝釈天とは、インドのヴェーダ神話における最も力のある神、インドラ(Indra)のことである。のちに仏教にとり入れられて、仏法を守護する神とされた。悪魔とは名利《みようり》欲や愛欲など心の「煩悩《ぼんのう》」の比喩だから、煩悩を追い払う帝釈天とは、事の善悪や正邪を見極める私たちの「理性」のことになるであろう。私たちは理性によって、悪を退け、邪を追い払う。

理性・分別

ついに悪魔は、群れをなして釈尊に襲いかかった。ところが、さて今度は、追い払ってくれるはずの帝釈天が姿を現さない。どうなったのであろうか。すると、悪魔の群れのなかに、帝釈天がいるではないか。

いろいろな「煩悩」が個別に誘惑にやってきた当初は、帝釈天という「理性」が姿を現して「悪魔よ、去れ」と退散せしめた。最後に、悪魔の群れが釈尊に襲いかかろうとするとき、そのなかに帝釈天もいたというのは、いったいどういうことであろうか。それは、「理性」を意味する帝釈天も、最終的には覚りの邪魔になる、ということなのである。

この「理性」のことを、仏教では「分別《ふんべつ》」という。「これは善い、これは悪い。これは正しい、これは正しくない」と、ものを比べ分ける知的なはたらきのことである。帝釈天はこの「分別」を表している。

ところが、私たちの分別そのものが覚りを妨げている。なぜならば、分別は、思い通りに生きたい、という自我によって成り立っているからである。自我に基づいた分別こそが人間を束縛し、苦悩せしめている根源である。自我と分別とをめぐる釈尊の覚りの本質が、この「降魔成道」という物語で表現されているのである。

私たちは理性・分別がなければ生きていけない。理性・分別によって倫理や道徳などが成り立っている。しかし、分別によって、分別を超えることは絶対にできない。なぜならば、分別は自我に基づいたものであり、自我が自我自身を否定することはできないからである。

「悪魔よ、去れ」と退散を命じた理性・分別が悪魔（邪悪な思い）を追い払ってくれている間は、仏教の事柄ではなく、倫理・道徳という世間の事柄である。それに対して、理性・分別を成り立たせている自我と、自我によって形づくられている闇とを打破したところに、出世間としての釈尊の成道の基本が存するのである。

覚り——無我への目覚め

すでに述べたように、釈尊は、覚りを成し遂げて仏陀（目覚めた者）となった。それは、眠りの闇から目を覚ました、ということであった。

さて、釈尊を「悟った者」と称する場合がある。そのとき、何を悟ったのか、ということが問題になってくる。「悟《さと》る」とは、何かを知ること（知識）である。それに対して、同じ訓読みでも、「覚《さと》る」とは、眠りから目覚めることである。

私たちのなかには、「これは善であり、これは悪である」という分別があり、「よく生きよう、正しく生きよう。それこそが大切である」という理性がある。分別と理性とを絶対視することによって生じる闇から目覚めること。「私がいて、私が生きている」という自我を前提とする分別と理性が崩壊して、さまざまな因縁によって「生かされている私」という無我へと目覚めること。――それを「覚る」という。釈尊は、理性の限界と、理性ではどうにもならない〈いのち〉の事実に気づいたのである。

喩えて言えば、夜の暗闇が朝日の光によって打ち破られた、ということになるであろう。人間の知識によってもたらされる闇、人間の理性・分別によって形成される闇である。その闇から目が覚めること、それが成道なのである。かくして、釈尊は「覚った者」となった。

それを象徴的に物語るのが苦行――分別・理性を前提として、その限りを尽くした六年間――であり、その放棄が分別・理性の束縛からの解放であった。こうして、降魔と成道が不離一体であることが知られるだろう。

七仏通誡偈

「七仏通誡偈《しちぶつつうかいげ》」という教えがある。これは初期の経典にたびたび説かれ、もとより大乗仏典においてもしばしば取り上げられている。それは、「過去の七仏に通じる教え（誡《いまし》め）」の意である。

すなわち、釈尊の成道によって明らかにされた仏教の基本的な教えは、釈尊に至るまでの過去の七仏によってすでに明らかにされている教えであって、釈尊独自の教えではない、ということである。その内容は、次のようである。

諸《しょ》悪《あく》莫《まく》作《さ》　もろもろの悪を作《な》すなかれ。
衆《しゅ》善《ぜん》奉《ぶ》行《ぎょう》　もろもろの善を奉じて行え。
自《じ》浄《じょう》其《ご》意《い》　自らのその意（心）を浄めよ。
是《ぜ》諸仏教《しょぶつきょう》　これがもろもろの仏たちの教えである。

前二句は、世間における道徳・倫理のことであり、先述の理性・分別に属するものである。この範囲に止まるならば、それはまだ仏教とはいえない。

次の第三句「自浄其意」こそが、仏教の教えの真髄である。ともすると、この第三句を前二句の道徳・倫理の延長線のうえで解釈する向きがある。「つねに善行を心がけ、悪行を作さないようにすることによって、自らの意（心）を浄めなさい」という意味に理解されがちである。しかしそれは、道徳化された仏教にすぎない。それでは降魔成道の物語における帝釈天でしかない。その帝釈天をも降伏せしめるのが、仏教である。

それでは「自浄其意」とは、どのような意味であろうか。「善行を作《な》して、悪行を作さない」という倫理・道徳に束縛されている「其《そ》の意（心）を浄めよ」ということになるであろう。理性・分別から解放される教えが仏教である。これこそが、「通誡偈」によって提示されているのである。

私たちが確固たる主体（自我）をもって存在しているのであれば、倫理や分別によって善悪・正邪を見極め、見極めた通りに実行できるかも知れない。しかし、そのような確固たる主体は本来的に存在していないのである。また、たとえ善悪・正邪を見極めたとしても、その通りに実行できないのが現実である。にもかかわらず、できるはずだと決め込んでいる「其の意（心）を浄めよ」。そのような「意（心）」を浄化することが諸仏の教えである。それは、善悪の分別が空無化されることでもある。このように、善悪の分別を生きながら、その分別に束縛される苦悩から解放されるための教えが仏教なのである。

釈尊は、その道を明らかにするために、《縁起の道理》を説いたのであった。それでは、《縁起の道理》を基本とする釈尊の教えとは、具体的にはどのような内容なのであろうか。そのことを、これから詳しく説明しなければならないであろう。

縁起の道理

ところで、すべての〈いのち〉は無条件に平等である、という自らの直覚を説き明かす智慧は、どのような経過をたどって釈尊に開発されたのであろうか。それについて、仏伝の『方広大荘厳経《ほうこうだいしょうごんきょう》』では、こう説かれている。

仏陀は、正覚の開発されるその前夜に、初夜、中夜、後夜という夜の経過のなかで、「縁起の道理」ということを繰り返し繰り返し思惟観察し、もって、明星の輝く暁においてやがて大空に輝き出る太陽のごとく、黒闇を退散せしめた。

「仏陀」とは、前述のように「眠りから目覚めた者」という意味であった。夜の眠りの暗闇から目覚めて、朝の光のなかに自分を見いだしたのである。何か特別な真理を悟ったということではけっしてない。身の事実に目覚めたのである。釈尊が「繰り返し繰り返し思惟観察」した《縁起の道理》こそが、それを実現せしめた。

《縁起の道理》とは、すべての存在は他との関係においてのみ成り立っている、という道理のことである。この覚りを開く成道のこの過程は、きわめて暗示的である。無知（無明《むみよう》）の闇を打ち破る智慧の獲得——それは、ここでは、夜の「黒闇」が「明星」の輝きによって「退散」されていく、という表現で示されている。言うまでもなく、無明が夜の「黒闇」に喩えられ、智慧が「明星の輝く暁」に喩えられている、と見なされよう。

この成道の前提となっているのが、六年間の苦行生活である。苦行が無駄なものとして放棄されたこと、それは、人間の理性・分別による努力や修行そのものが無意味であった、ということにほかならない。自らの努力や修行が何の意味もなかったと気づいたとき、覚りは実現した。これは、どういうことであろうか。

私たちはつねに「私がいて、私が生きる」「私がいて、私が老いる」「私がいて、私が病む」「私がいて、私が死ぬ」、はては「私がいて、私が修行する」と思いこんでいる。だが、「私」とは、いったい何ものであろうか。そう尋ね尽くした末、「私」として把握できるような私は存在していない、と気づいたということである。言い換えれば、輪廻に流転して生・老・病・死を繰り返すような「私」が存在し、その「私が生きている」のではない。もろもろの因縁のままに「生かされている私」であったことを、《縁起の道理》によって確認したのである。

「私」として想定されている存在（自我）は、もろもろの因縁が仮そめに和合することによって成り立っているだけ（因縁仮和合《いんねんけわごう》）であり、もろもろの因縁によって生かされているにすぎない（因縁所生《いんねんしょしょう》）。このような〈いのち〉の事実への目覚めである。

生きることも死ぬこともない身体

このことについて、釈尊は、『スッタニパータ』のなかで、次のように説いている。

身体について「わがもの」という思いがまったくないならば、確かな何ものも存在しないからといって、悲歎することもない。そのような人はこの世のなかにあっても老いることはない。（第九五〇偈）

　この身体に対するむさぼりをまったく離れた人には、輪廻的存在を持続する潜勢力であるもろもろの煩悩は存在しない。だからかれには、輪廻に転生するような死に支配される恐れはない。（第一一〇〇偈）

　いかなるものも所有せず、執着するところがないこと、これが苦しみからの避難所にほかならない。それを老いることも死ぬこともない「涅槃《ねはん》」と、私はよぶのである。（第一〇九四偈）

ここに、私たちが自らの〈いのち〉を考えるときの基体、「身体」についての言及がある。それは、老いることも死ぬこともない、と説かれている。これは、どういう意味であろうか。

　身体的存在は、「生死する〈いのち〉」として歳とともに老いを深め、死に帰す。それを現実の避けがたい事実として受け入れているのが、私たちの常識である。この身体は無常であり、必ず死に帰してしまうがゆえに、かえって不老不死なる永遠の〈いのち〉を願い求めようとする。

それに対して、釈尊は、この身体そのものが不老不死である、と説いている。それは、《縁起の道理》によって、この身体を「縁起する〈いのち〉」と見定めたからである。もともと身体には老いる主体（私）もなく、死する主体（私）もありえない。その意味で、不老不死なのである。この世に生きる〈いのち〉は寿命が尽きれば死に帰するが、その死によって滅するような「私」はもともと存在していない、ということである。

「生死する〈いのち〉」はすべて、「縁起する〈いのち〉」「生かされている〈いのち〉」として無条件に平等である、という自らの直覚を説明する普遍的な道理として、釈尊によって発見された。この道理によって、私たちの生死する〈いのち〉が輪廻から解放される真実が確認されたのである。

変わることのない真理

《縁起の道理》は釈尊の発明ではなく、永久不変の真実として発見された道理であった。これについて、釈尊はこう語っている。

　この縁起の道理は、それを覚り証明する如来《にょらい》（釈尊）が世に出ても出なくとも変わることのない真理であり、法住《ほうじゅう》（真理として定まっているもの）であり、それが真如《しんにょ》（ありのままのあり方）であり、覆《くつがえ》されることのないものである。

釈尊は、この《縁起の道理》を確認することによって、覚りを成し遂げた。これについて、釈尊は、次のように心情を吐露している。

　わたしは、古《いにしえ》の聖者たちが歩まれた、その道を歩んだのにすぎない。あたかも白々と雪の降った平野に、鹿の歩いた足跡が転々として続いている。その足跡に従って歩いてきたようなものである。

この《縁起の道理》をもって、輪廻に流転する世界からの解脱《げだつ》（解放）を明確に認識（解脱知見《げだつちけん》）したのである。

このわたし自身は、生まれ老い病み死ぬ性質のものであり、また悲しみあり汚れある性質のものであるが、生まれ老い病み死ぬ性質のものについて、その患いを知って、生まれたものでもなく老いたものでもなく病むものでもなく死ぬものでもなく悲しみもなく汚れもない無上なる静寂な「涅槃」を求めた。その結果、生まれ老い病み死ぬものとして生きているわたし自身などは存在しないことが明らかになり、悲しんだり汚れたりするものとしてのわたし自身もなく、生まれたものでもなく老いたものでもなく病むものでもなく死ぬものでもなく悲しみもなく汚れもない無上なる静寂な「涅槃」に到達した。

そして、「わたしの心の解脱は不動である。これは最後の生存であって、もはや輪廻の世界に再び生存を繰り返すことはない」という知見がわたしに生じたのである。

Ⅱ　初転法輪

説法不可能の絶望

「初転法輪《しょてんぼうりん》」とは、最初の説法（法輪）が釈尊によってなされた（転じられた）ことをいう。それにかかわるエピソードとして、現在に残されている事跡を取り上げてみよう。

仏伝によると、釈尊は菩提樹の下で正覚を成し遂げ、そのまま七日間端座して、自らの解脱の喜びを味わっていた、という。これを伝統的に「自受用法楽《じじゆゆうほうらく》」（自ら覚った法を楽しみ味わう）と呼んでいる。しかし、七日を過ぎた後、静観の座を替えて、ほど遠からぬところにある無花果《いちじく》の樹の下で、また七日間端座して静観に入った。次にムチリンダという樹の下で、同じく七日間、最後にラージャーヤタナという樹の下で、また七日間と、一週間ごとに座を替えて、四週間にわたって静観に入った。

その間、釈尊の崇高な容貌にうたれた人たちが相次いだ。そこを訪れたバラモンは感化を受け、龍王（龍神）は風雨から釈尊を護り、近くを通りかかった旅人は釈尊に供養した、と伝えられている。それらは一見、正覚を成就した釈尊の至福な過程を物語っているようである。

しかし再び、最初の菩提樹の下にもどって静観に入ったとき、釈尊は絶望の深淵に沈んでいった。

自らの正覚において明らかになったのは、《縁起の道理》のゆえに〈いのち〉は「因縁仮和合」「因縁所生」というあり方において平等である、という真実であった。さらには、《縁起の道理》によって実現される「涅槃寂静《ねはんじやくじよう》」の境地であった。釈尊は、それを人びとに解き明かそうとしていた。しかし、輪廻の世界においては、〈いのち〉は私自身のものである。こうした自己存在への固執によって、〈いのち〉への差別がもたらされている。それを常識とする現実が、釈尊に重くのしかかっていた。このために、説法不可能という絶望感が釈尊の胸中に生じた。そこで、釈尊は自ら正覚した真実を自分の胸のなかだけに止めておこうとした。

釈尊は、次のように自らの胸中を吐露している。

　わたしが得たこの教法は甚深である。世間の人びとには見がたく、かつまた、理解しがたい。それは寂静にして殊妙《しゆみよう》・微妙な教えであり、ただ智者のみが知ることのできる境地である。この世間の人びとは、自らへの執着を好み、執着することに愛着を感じ、執着することを歓ぶだけである。自らへの執着を好み、執着することに愛着を感じ、執着することを歓ぶ人びとには、この道理は見がたい。すなわちそれは、私たちは因縁によってあるという性質の、「縁起」というこの道理である。

また、すべての行いの静まること、すべての執着を棄て去ること、愛着を滅し尽くすこと、欲望を離れ、欲望を寂滅した「涅槃」というこの道理も見がたい。わたしがもしこの教えを説いたところで、世間の人びとがこの教えを理解できなければ、わたしには、ただ疲労あるのみで困惑するしかないであろう。

梵天勧請

この世界の主である梵天《ぼんてん》は、この説法不可能という絶望感が釈尊の胸のなかにきざしたことを知った。そして、釈尊の前に姿を現して、説法を勧請《かんじょう》（懇請・懇願）した。梵天とは、インド宗教で万有の根源とされている「ブラフマン（brahman・梵）」を神格化した神である。

釈尊はなおも説法に踏み切ろうとしなかったが、梵天の再三再四におよぶ勧請に動かされて、ついに説法に立ち上がった。

このことについては、次のように物語られている。

その時、この娑婆《しゃば》世界の主である梵天が世尊の心のなかの思いを知り、次のように思った。

「ああ、この世は滅びる。この世は滅びる。如来の心は教えを説くことに傾かず、無関心のようである。」と。

そこで娑婆世界の主たる梵天は、世尊の前に姿を現して、こう言った。

「尊きお方、世尊、願わくは教えを説きたまえ。

この世間には、塵《ちり》にくもらされることの少ない人びともおります。

けれども、かれらとても教えを聞かなかったならば

滅び衰退してしまうに相違ありません。」と。

ときに、世尊は、この梵天の懇願を知り、かつはまた、世の人びとに対

する慈しみにより、仏眼によってこの世間を熟視したもうた。

世尊は仏眼をもって世間の人びとを熟視し、世の人びとの中に、汚れの少ない人、汚れの多い人、智慧のさとい人、智慧の劣った人、善性の人、悪性の人、教え易い人、教えにくい人、あるいは来世の罪や過失に恐れおののいて住んでいる一部の人たちがいるのを見られた。

そのように、仏眼をもって世尊は、この世間をみわたし、娑婆世界の主たる梵天に対して、次のような詩をもって答えたもうた。

「かれらに不死の法門が開かれたのだ。耳ある人びとは聴きなさい。〝己のこれまで確信してきたことから離れなさい〟。

梵天よ、わたしが微妙な勝れた教えを人びとに説かなかったのは、もし説いたならばかえって、人びとに〝害をなすのではないかと思った〟からである。」と。

このように、釈尊の説法不可能という絶望と、それに対する梵天の説法勧請という事跡が伝えられている。ここには、きわめて重要な意味が含まれている。

梵天神話の意味するもの

すべての人びとは、表面的には我欲のままに自己存在に固執して生きている。輪廻の世界のなかでよりよき未来への転生を欲望し、釈尊の説法に耳を傾けようとしない生き方を続けている。ところが、いかなる人も心の奥底で求めて止まないもの、それは、輪廻の世界からの解脱を実現する〈いのち〉の真実への目覚めなのである。

こうして、釈尊はすべての人びとを熟視し、確信した。釈尊の人間に対する信頼と、それに応答しなければならないという意志、この二つが梵天の勧請という神話的な表現によって表明されているのである。〈いのち〉の差別を受け入れて生きる人びとの現実に絶望し、説法を断念しようとした釈尊だった。だが、絶望しきれなかった。そこで、梵天が全人類を代表して説法を勧請する。こうした神話的な表現をとって、「全人類は救済されなければならない」という要請が示されたのである。

「輪廻」という言葉そのものに、「生死」という意味はない。しかし、漢訳されて「生死」という文字があてられたように、私たちが生・老・病・死していくこの世間（生死）が輪廻の世界である。さらに言えば、生死とは「生きていたい、死にたくない」という、自我による分別の世界である。私たちは、生死・輪廻する世間をいかに楽しく生きようか、ということに没頭している。これが、人間の普通の生活のあり方である。

現代的な表現をすれば、ヒューマニズムによる生活世界であり、死を問わない現世主義に基づく生き方である。しかるに、そのような生き方を超えて、「これまで確信してきたことから離れなさい」と、釈尊は説く必要があったのである。

輪廻と生死を超える道を明らかにした、釈尊ではあった。だが、生死に固執し、安楽を求める生活に没頭している人たちに、その束縛から解放される道を説いても不可能ではないのか。説法しても、徒労するばかりであろう。そうした絶望に、釈尊は陥っていた。この世間のことだけうまくいけばいい。この世の中に貧困がなくなり、病気がなくなり、平和であればいい。――そういうヒューマニズムを信奉している私たちに説法すれば、世間を大切にしている人たちにかえって「害をなすのではないか」。釈尊が説法を思い止まろうとしたのも無理のないことであった。

人間の願心

私たちは現世主義に立って死を遠ざけているけれども、世間にある自分は必ず死に帰していく。こうした恐れを、心の奥底に抱いて生きている。現実的には、世間における安楽のことしか願っていないけれども、無意識のうちに、死への不安を抱いて生きている。それをどのように納得し、引き受けていけばよいのか。そのために説法を聞きたい。

こうして、人間自身が気づかない潜在的な願心を、仏陀の正覚の必然的な動向を、梵天の勧請という神話的な表現は物語っている。これこそが宗教的実存――人間が宗教を求めるのは、現世主義を基本とする理性で宗教を否定しながら、理性では解決できない死への恐怖に苦悩するがゆえである、というあり方――と呼ばれるものの本質である。

かくして釈尊は、まず、出家の直後に師として訪れた二人の師（修定者）に、自らの正覚を説こうとした。だが、二人はすでにこの世を去っていた。そこで、かつて苦行をともにした五人の仲間に説法しよう、と探し求めた。

釈尊は、ベナレス郊外のサルナートの鹿野苑《ろくやおん》でかれらが修行していることを知り、そこに向かった。この五人というのは、すでに述べたように、釈尊が苦行を捨てたとき、「シッダールタは苦行を捨てて堕落した」と軽蔑の言葉を投げかけた人たちである。釈尊は、その五人を相手に説法しよう、と決意するのである。

如来と名乗る

釈尊が五人の仲間に近づいていったとき、釈尊を軽蔑していたかれらは、無視を決めこんだ。しかし、釈尊が傍らにやってくると、かつて苦行をともにした仲間として釈尊に座る場を設け、「友よ」と呼びかけずにはいられなかった。ところが、それに対して、釈尊はこう言い放ったのである。

如来に対して名前で呼びかけてはいけない。ましてや、〝友よ〟などと呼びかけてはいけない。如来は正覚し目覚めた者である。説法を聞く耳を用意しなさい。私は〝不死の法を獲得した〟のである。

釈尊は、厳然として、自らが「如来」であることを宣言し、説法を開始した。如来とは「真実の世界（如）からやって来た者」という意味である。「如来」という名乗りは、仏教独自の表現である。「目覚めた者」という意味の

「ブッダ（仏陀）」は、インド宗教一般に共通する術語であり、迷いから覚りへという方向性をその内容としている。それに対して「如来」は、迷える人びとに説法するための、覚りから迷いへという方向性をその内容とするのである。「仏陀」といっても「如来」といっても同じように聞こえるが、そこにはこうした方向性の相違が見られるのである。かくして、釈尊は自らを「如来」と名乗り、最初の説法「初転法輪」が開始される。

最初の説法において、釈尊は、「不死の法を獲得した」（輪廻に転生する死から解放された）と宣言した。それはまた、輪廻に流転し生まれ死ぬ、死を繰り返すような主体（我・私自身）は存在しない、という宣言でもあったのである。

このようにして、説法は開始された。この様子について、次のように語られている。

まさにわたしが二人の修行者に説法している間に三人の修行者は托鉢《たくはつ》に出かけ、三人の修行者が托鉢で得たものでわれわれ六人が生活した。また、まさにわたしが三人に説法をしているときには二人の修行者は托鉢に出かけ、二人の修行者がその托鉢で得たものでわれわれは生活した。このように、五人の修行者たちの群れはわたしから教えられ、このように教示されて各自がそれぞれ、みずからこの世に生をうけながらも生に対する苦痛をしっかりとみつめ、輪廻に流転して生まれることなく老いることなく病むことなく死ぬことなき無上にして静寂な涅槃を求めて、輪廻に流転して生まれることなく老いることなく病むことなく死ぬことなきその無上にして静寂な涅槃を獲得した。かくして、かれらにも次のような知見が生じたのである。すなわち、われわれの覚りは不動のものである。これは最後の生存である。もはや、再び生存（再生）を受けることはなかろう、と。

釈尊を尊敬していないかれらに対する説法は、容易ではなかったはずである。それが何日も続いたことを、この文章からうかがい知ることができるだろう。

在家者ヤサの帰仏

かくして、釈尊の初転法輪は、かつて苦行をともにした五人の仲間に対して開始された。ここに、釈尊自らの正覚についての自信と決意がうかがえる。自分を軽蔑しているかれら五人を正覚に至らしめることができなければ、自らの正覚は普遍的な真実とはいえない。そういう自信と決意であった。かれらに対する説法が容易ではないにしても、である。

そうしたなか、その土地の長者（豪商）の青年ヤサが、釈尊の説法を聞いて正覚を成し遂げたのである。ヤサは贅沢《ぜいたく》な生活をし、なに不自由のない身で美しい妻をめとり、外面的には幸福な状態であった。しかし、歓楽多くしてかえって悲哀を招き、生活に空しさを抱きながら将来への希望もなく、近辺をさまよい歩いていた。そのとき釈尊と出遇ったのである。

ヤサという存在には、私たちと通じるものがある。衣食住満ち足りて、平和な生活を送っているが、それに安住できずにいるからである。ヤサほど恵まれていなくとも、私たちはすべてに満ち足り、しかも目の輝きを失って生きている。

ヤサは釈尊の教えに帰依《きえ》し、嬉しさのあまり、自分の母と妻とを伴い釈尊の説法を聞かせた。すると、母も妻も即座に正覚し、帰仏した。ヤサの母は、苦行のため痩せ衰えた釈尊に乳粥を施した村の女性、かのスジャーターであるとも伝えられている。その後、ヤサは四人の遊び友だちにも釈尊の説法を聞かせ、みな帰仏させたという。

ところで、ヤサたちの帰仏と、苦行に励んでいた五人の仲間たちの帰仏とは、どちらが先であったのであろうか。もとより伝説では、五人が帰仏したサルナートの地で、ヤサたちの教化がなされた、つまり、ヤサたちの帰仏は五人の後のことだ、とされている。

だが、本当はどうであったのであろうか。釈尊を尊敬していない五人の仲間たちよりも、聖者として釈尊に接したヤサたちの帰仏のほうが先であった、というのが真実ではなかろうか。おそらく、乾いた砂に水がしみ込むように、素直に説法に頷《うなず》くことができたにちがいないからである。

ともかく、釈尊を尊敬していなかった五人の仲間と、釈尊を一人の聖者と仰いで説法を聞いたヤサたちとの間には、聞く側のあり方に格段の違いがあった。ヤサは、世間での生きざまに空しさを抱き、この世に生きる希望もないと感じていた。そういうヤサにこそ、「生かされている〈いのち〉」の尊さを説く釈尊の説法が、身にしみて素直に了解できたのではなかろうか。

こう想像するならば、釈尊の仏教は在家信者から始まった、ということもできるのかも知れない。

Ⅲ　舎利弗の帰仏

舎利弗の師

四十五年間にわたる伝道において、釈尊は、その当初からビンビサーラ（頻《びん》婆娑羅《ばしやら》）王の帰依を受けた。インドの三大王国のなかでも最も強大な、マガダ国の王である。王は仏教の最大の外護者となり、教団を支えた。釈尊のために、居城である王舎城《おうしやじよう》のなかの霊鷲山《りようじゆせん》（耆闍崛山《ぎしやくつせん》）を提供し、教団のためには、竹林精舎《ちくりんしようじや》を寄進した。現在でも竹林精舎は、その名の通り、竹の林のなかに静かに歴史の佇《たたず》まいを残している。

一方、教団も、迦葉《かしよう》三兄弟の帰仏などによって次第に大きくなっていく（ちなみに、この迦葉三兄弟は、釈尊が入滅した後、教団を統率した摩訶迦葉《まかかしよう》のことではない）。この迦葉三兄弟に加えて、舎利弗《しやりほつ》と目犍連《もつけんれん》の帰仏によって、初期の教団の基礎ができあがった。

沙門たちの教えが「六師」の教えとして『沙門果経』にまとめられていることは、先に紹介した。舎利弗と目犍連は六師の一人サンジャヤ・ベーラッティ・プッタの弟子で、すでに宗教家として活躍していた釈尊の先輩であった。

師サンジャヤは、「アートマン」（我、生命体）が死後に存続するか消滅するか、という問いに明確な回答を保留したため、懐疑論者《かいぎ》・詭弁論者《きべん》と見なされている。しかし現代でも、経験的に実証可能な知識を主張する科学は、死後を未経験な事柄として不問に付している。要するに、死んでみないと分からない、というのが科学主義の立場である。サンジャヤも同様の教えを説いており、その意味では科学主義者であった。

アッサジとの出遇い

この舎利弗に転機が訪れた。アッサジ（馬勝《めしよう》・阿説示《あせつじ》）との出遇いである。アッサジは、初転法輪において帰仏した者で、釈尊と六年間の苦行をともにした五人の仲間の一人とされている。

あるとき舎利弗は、彼方から近づいてくる出家者を呼びとめた。その端正な身のこなし、作法にかなった足の運び（虫などの生きものを踏み殺さないように、つま先を見ながら歩んでいた）に、あの修行者は若いけれども信頼に足るにちがいない、と直感したからである。それがアッサジであった。アッサジと舎利弗とのこの出遇いについては、次のように伝えられている。

舎利弗は、アッサジが王舎城において托鉢のために遊行《ゆぎょう》しながら、前進するも後退するも、前を視《み》るのも後を視るのも、屈するのも伸ばすのも端正で、目を地に向け規律にかなった動作を備えているのを見た。見て、舎利弗はこう思った。「実にこの世間において、尊敬に値する人となる道を備えた人がいるならば、この人はその一人である。この修行者に近づいて問うてみよう。」と。

そこで、舎利弗はアッサジに近づいて、こう言った。
「友よ、あなたは誰について出家したのですか。あなたの師は誰ですか。あなたは誰の教えに同意しているのですか。」
「友よ、釈迦族の家から出家した偉大な沙門である釈尊がおります。わたくしは、かの世尊について出家したのです。また、わたくしの師はかの世尊であります。そして、わたくしはかの世尊の教えに同意しております。」

「それではあなたの師は何を主張する人であり、何を説く人でありますか。」

「友よ、わたくしは新参者で、出家してまだ日も浅く、この教えに通じたばかりです。わたくしは、あなたに師の教えを詳細に教示することはできませんが、しかしあなたに要略して意味を言いましょう。」

そこで、アッサジは舎利弗に師の教えを要約して偈《げ》をもって語った。

「もろもろのものは因縁より生じる。

如来はそれらの因縁を説きたもうた。

また、それらの止滅をも説きたもうた。

偉大なる沙門はこのように説く人である。」

その時、舎利弗はこの偈を聞いて、塵《ちり》なく汚れのない真理を見る眼（法の眼）が生じた。——「およそ因縁によって集まり生起する性質あるものは、すべて消滅する性質あるものである。」と。

法身偈

この偈は、「法身偈《ほっしんげ》」とも名づけられている。「法身」とは、「釈尊の教え（法）を身体としているもの」（真理そのもの）という意味である。あらゆる存在は多くの因縁によって成り立ち、因縁が欠ければ止滅する。それ自身によって成立しているような存在はないのである。「法身偈」には、こうした《縁起の道理》が語られている。

このとき、舎利弗は「法の眼」、つまり、真実を見つめることのできる眼を生じた、という。「法」は釈尊の教えにほかならないから、釈尊の覚りによって明らかにされた真実を見通す力を得たのである。かくして、舎利弗は、釈尊の教えに帰していくことになる。

ちなみに、親鸞は浄土思想の伝承者として、インド、中国、日本の三国にわたる七祖を挙げている。その第一祖であり、大乗仏教の思想的大成者とされるインドの龍樹《りゅうじゅ》（二〜三世紀に在世した）も、「縁起を説きたまえる世尊こそが最高の正覚者である」と、その主著『根本中論偈《こんぽんちゅうろんげ》』の「帰敬偈《ききょうげ》」において述べている。

この世間に存在するものは、それ自身の本質をもって、滅することなく、生じることなく、断滅することなく、存続することなく、同一であることなく、別異であることなく、来ることなく、去ることなく、このようにすべての戯論が寂滅《じゃくめつ》して、至福である、そのような縁起を説きたまえる世尊（正覚者）に、もろもろの説法者の中の最も優れた方として、わたしは敬礼します。

こうして龍樹は釈尊に帰依し、バラモンの身を捨てたのである。

教団創設

さて、アッサジの姿に何かを感じ、呼び止めた舎利弗に話を戻そう。二人の出遇いは、出遇おうとして出遇ったわけではなく、出遇うべくして出遇った遇縁としか言いようがない。まさしく運命的な出遇いであった。舎利弗はアッサジの言葉を聞き、釈尊を訪ねて説法に耳を傾け、即座にその弟子となった、と言われている。

それまでの師サンジャヤは、実証を大切にする科学的合理性をもった考え方を説いていた。舎利弗は、それに強い信頼を寄せていた。だが、そこでは輪廻転生の問題が解決されず、それを超えていく道が明らかになっていない。舎利弗は、こうした悩みを抱いていたのではなかろうか。ところが、アッサジとの出遇いにより、釈尊の説法を聞き、《縁起の道理》に目覚めた。いままでの師によっては明らかにされなかった輪廻を超える道を、きわめて合理的な教えとして了解できたのであった。合理性を重んじた舎利弗にとって、《縁起の道理》

は、輪廻から解放されるきわめて理に適った教えであったのであろう。

仏弟子となった舎利弗は、さらに、同じくサンジャヤを師としていた兄弟分の目犍連にも自らの感動を伝え、釈尊の説法を聞くことをすすめた。その結果、目犍連もまた仏弟子となり、サンジャヤの弟子二百五十人を引き連れて、釈尊の教団に入ることになる。インドの宗教界においていまだ新参者であった釈尊にとって、二人はすでに弟子を抱え、宗教家として名を成していた先輩であった。

二人の帰仏は、釈尊が三十五歳で成道してから五年の間の出来事であった、とされている。舎利弗は、のちに釈尊の十大弟子の一人に数え上げられるが、そのなかにあって「智慧第一」といわれ、筆頭の弟子として「長老《ちょうろう》舎利弗」と称えられた。一方、目犍連は「目連尊者」とも呼ばれ、十大弟子のナンバー2として、「神通《じんづう》第一」（禅定《ぜんじょう》によって得られる通力が最もすぐれた弟子）と称えられた。

ちなみに、二人が大事な弟子を引き連れて釈尊の教団に入ったため、師のサンジャヤは憤死したとも言われている。ただし、真偽のほどは明らかでない。

Ⅳ　釈尊の入滅

自灯明・法灯明

　伝道生活四十五年を経て八十歳を迎えた釈尊は、自らの入滅・涅槃の時の近づいたのを感じ、故郷を目指して王舎城を旅立った。それが最後の旅となり、途中のクシナガラの沙羅《さら》の双樹《そうじゆ》のもとで死を迎えるのである。この旅程におけるさまざまな出来事と説法については、釈尊の弟子たちによって編纂された『大般涅槃経《だいはつねはんぎよう》』（偉大なる完全な涅槃を説く経典。漢訳は『遊行経《ゆぎようきよう》』）に詳しく説かれている（ちなみに、これは大乗仏典の『大般涅槃経』と同名ではあるが、別の経典である）。

　そのなかの一つに、「自灯明《じとうみよう》・法灯明《ほうとうみよう》」という有名な教えがある。それは、次のような説法のなかで説かれている。

釈尊は、自らの入滅が近いことを、つねに付き添っていた阿難《あなん》（アーナンダ）に告げると、阿難は「世尊が入滅されたら、私たちは誰を頼りにして修行を続ければよいのか。世尊は死なないで、いつまでも生きていて欲しい」と悲歎に暮れ涙する。それに対して、釈尊はこう説いた。

阿難よ、出家者たちはわたしに何を期待するのか。わたしは如来の教えとして何ひとつ隠すことなく、すべてを語った。実に阿難よ、「わたしは出家者たちを導くであろう」とか、或いは「出家者たちはわたしに頼っている」と、このように思う者こそ、実に阿難よ、出家者に関して何かを語るであろう。けれども阿難よ、如来には「わたしが出家者を導くであろう」とか、或いは、「出家者たちはわたしを頼っている」とか、このように思うことはないのである。阿難よ、だから如来は出家者たちに関して何を語るであろうか。もはや語るものとてない。

また阿難よ、わたしはもう老い朽ち、よわいを重ね、高齢であり、晩年に達し、わが年齢は八十となった。たとえば、古ぼけた車が革紐の助けによってやっと動くように、阿難よ、如来の身体は革紐の助けによって存続させているのである。

だからこの世にあっては、自らを灯明（所依《しょえ》）とし、他を灯明とせず、教え（法）を灯明とし、他のものを灯明としてはならない。

ここで釈尊は、「自らを所依（依りどころ）とせよ」と説いている。それは、自らが縁起的存在であるという確認を怠りなく行え、ということであろう。一方、「他を所依としてはならない」とも説いている。ここで言う「他」とは、単に釈尊以外の他の人ということではなく、人間以外のもの（「神」なども）を含むもっと大きな範疇《はんちゅう》である。

インドの伝統的な宗教は「神」の存在を信じ、それを「所依」として救済されることを祈願した。釈尊の基本思想は、それを断固として認めなかったからである。

仏宝の喪失

かくして阿難は、釈尊の死を目前にして歎き悲しむ。いよいよ入滅を迎えようとしたとき、永遠に生きていて欲しいと懇願する。それに対して、釈尊はこう語られたという。

いざ、出家者たちよ、あなたがたに告げよう。
「すべてのものは滅んでいく性質のものである。たゆまずに自らの道を忘れずに慎み深く進むがよい。」
と、これが如来の最後の言葉であった。

すべての〈いのち〉は、一つの例外もなく入滅していかなければならない。この自然の法則のままに、釈尊自らもまた入滅のときを迎えたことを教えるが、これが釈尊の最後の説法とされている。

ところで、釈尊の永遠の〈いのち〉を願う、阿難のこの悲歎は何を物語っているのであろうか。

とりわけ晩年の釈尊に二十五年間付き従い、「多聞《たもん》第一」（釈尊の説法を最も多く聞いた弟子）といわれた阿難が、仏教の基本である「縁起であるがゆえに、諸行（すべての作られたもの）は無常である」という教えを熟知していなかったはずがないからである。にもかかわらず、阿難は悲歎に暮れ、釈尊の〈いのち〉が永遠であるよう懇願する。これは何を意味しているのであろうか。

釈尊と阿難とは血縁関係にあったがゆえに、《縁起の道理》という教えを超えて情愛に突き動かされ、涙して懇願した。――そういう情景を想定することもできるであろう。これまでは、そう理解されてきたようである。だが、ここで説かれようとしていることを、もう少し突っ込んで探っていくべきであろう。

仏教徒の基本に、「三帰依《きえ》」というものがある。仏・法・僧という三宝への帰依である。「仏に帰依したてまつる」という仏宝とは、釈尊をおいてほかにない。こうして、釈尊の入滅は、最も大事な仏宝の喪失という、ゆゆしき問題をはらんでいた。

阿難の歎きは、このことを示唆しているのではなかろうか。三宝に帰依するという仏教徒の基本は、釈尊の存命中は何ら問題とならなかった。しかるに、その釈尊の存在がいままさに入滅して消えていく、八十年の生涯を閉じていく。そのときになって初めて、阿難は、仏宝が存在しなくなるという切迫した思いを抱いたのであろう。仏宝は永遠でなければならない、という問題がそこに込められているのではなかろうか。

法身の釈尊

実は、釈尊という仏宝の喪失をテーマとして説かれたのが、大乗経典の『大般涅槃経』である。そこでは、いままさに入滅せんとする釈尊がクシナガラの沙羅の双樹の下で説法している、という設定となっている。

そこにいるのは、無常な世間にあって八十歳で入滅する「肉身としての釈尊」ではない。釈尊を釈尊たらしめている、出世間における「法身《ほっしん》としての釈尊」である。それを「法身常住《じょうじゅう》」（法身としての釈尊は常《つね》に存在し、現に説法しているる）として力説するのである。肉身の釈尊は八十歳で無常な世間から消えていくけれども、「法」（ダルマ・dharma、真実）という「身」（あり方）としての釈尊は常に存在している、と。

それを解き明かそうとして、繰り返し「法身常住」を説くのが大乗経典の『大般涅槃経』である。そこでは、法身としての常住なる釈尊と、肉身としての無常なる釈尊とが、出世間と世間の対話形式をもって説かれている。世間的な釈尊の存在やその教えに固執する仏弟子たちの主張は、出世間の立場から批判されるのである。

この『大般涅槃経』を支えるもう一つの基本思想が「悉有仏性《しつうぶっしょう》」（すべての生きとし生けるものには仏となる可能性がある）である。

1　私たちはすでに救済されるべき身として、如来の大悲《だいひ》（説法）の只中に包み取られている、という事実。

2　なぜならば、私たちは縁起的存在としてありえているのであり、そのことに目覚めていない迷える者であっても、それに目覚めた如来と等しい、という事実。

3　それゆえにこそ、私たちは仏となるべき者としていまを生きている、という事実。

「悉有仏性」とは、以上の三事実を内容とするものである。私たちがそれに目覚めようが目覚めまいが、つねに如来の説法はなされていて、私たちはすでに救済されるべき身として如来の大悲の只中に包み取られている。――「法身常住」「悉有仏性」は、ともにこうした事実を表現している。

大乗経典は、一般的に、釈尊の説法の真実の意味（密意趣《みついしゆ》）を解き明かすことを目的としている。そのなかにあって、この『大般涅槃経』だけが、「法身としての釈尊」が常に説法している、いま現在まさに説法している、という立場で説かれているのである。このことは、『阿弥陀経《あみだきょう》』に「今現在説法《こんげんざいせっぽう》」（いま現にましまして法を説きたもう）と説かれている浄土（覚りの世界）の光景に重なっているといえよう。仏教において「法身常住」の「常住」とは、親鸞の「正信《しょうしん》念仏偈《ねんぶつげ》」（『教行信証《きょうぎょうしんしょう》』「行巻」）に詠まれている「大悲無倦常照我《だいひむけんじょうしょうが》」（すべての〈いのち〉あるものを救済したいと願う大悲は、疲れて休むようなことはなく、常に私たちを照らしている）という如来の大悲の常恒性を示している。それが仏教における「常」への了解である。

ここに、肉身としての釈尊は八十歳にして入滅するけれども、法身としての釈尊は常に説法している。そうした法身としての釈尊を仏宝とすることこそが、『大般涅槃経』によって力説されている内実だと見るべきであろう。

第三章

釈尊による〈いのち〉の見定め

一　〈いのち〉への目覚め――縁起の道理

二つの縁起

さて、釈尊の正覚《しょうがく》（覚《さと》り）の基本をなす《縁起の道理》については、これまで何度か触れてきた。その基本的な内容について、あらためて再説し、確認してみよう。「縁起」とは「縁《よ》って生起《しょうき》すること」であり、「此縁性果《しえんしょうか》」（ここに結果として存在しているものは、必ず何かを縁として成り立っている）という意味である。

仏教の基本思想である「縁起」はさまざまに説明され、時代の推移とともに種々の教理として組織化されてきた。最終的に、それは「十二支縁起説」（十二の部分から構成される縁起についての教理）として完結する。「結果」（苦悩する現在）にはさまざまな「原因」が自覚されるが、それらの「原因」を体系的に組織化し、教理としてまとめると、十二の部分から構成されるからである。
しかし、この「十二支縁起説」に先立って、次のような定型で説かれるのが《縁起の道理》という原理である。

此《こ》れあるとき彼《か》れあり、此れ生ずることによって彼れ生ずる、
此れなきとき彼れなく、此れ滅することによって彼れ滅する。

こうして、「十二支縁起説」という教理、ならびに《縁起の道理》という原理の二つの縁起説が存在していることに注意しよう。これらを混同しないようにすることが、まず肝要である。
ここでは、原理としての《縁起の道理》について、確認しておくことにする。

因縁所生

私たちの〈いのち〉は、単独に存続して輪廻《りんね》に流転する自我的な存在——「私がいて、私が生まれ死ぬ」という存在——ではない。他との関係においてのみありえている、「無我」としての仮そめの存在である。《縁起の道理》をもって、釈尊はこう説かれた。

ここに、他との関係なくして単独に存在する生命の主体（アートマン）はありえない、ということが明らかにされた。自分の思い通りに生きようとする、自我の存在が否定された。現在・ただいまの私は、「生かされている私」としてしかありえていない。そうであるからこそ、同時に、自分の思い通りに生きようとする生き方が成り立たないのである。

私たちのただいま・この瞬間の〈いのち〉は、「因縁所生《いんねんしょしょう》」（無量・無数といってよいほどの因縁によってありえている）である。したがって、私たちの〈いのち〉を〈いのち〉たらしめているもろもろの因縁が消滅すれば、私の〈いのち〉も残存することができない。釈尊は、それを「無我」（我れ無し、「アートマン」は存在しない）と説かれた。

この道理によって明らかにされた私たちの〈いのち〉は、ともに生き合い、他なくしてありえない連帯において、いまの瞬間を生きている。《縁起の道理》に基づく〈いのち〉への目覚めこそが、釈尊の正覚の基本である。

釈尊はすべての〈いのち〉は無条件に平等でなければならない、と直覚した。それを説明する道理として、《縁起の道理》が発見された。それは、因縁によってただいまの〈いのち〉はありえている、という道理である。人間の知識では量り知れない無量・無数の因縁によって、ただいまのこの瞬間がありえている。それは親鸞の浄土真宗に止まらず、仏教である限りどこにおいても基本的な了解となっている。

因縁によって成り立つ〈いのち〉である。因縁が尽きれば消えていくだけのことで、何かが残って次の未来世に連続するわけではない。存在として残るような生命体を認めるならば、それは釈尊の仏教ではなくなるであろう。

単独で存在しえない〈いのち〉

そういう意味で、私たちの〈いのち〉は、輪廻の世界で死に変わり、生まれ変わりを繰り返すような、生命体の連続としての〈いのち〉ではない。無数といっていいほどの因縁によって、ただいまのこの瞬間にありえているだけである。縁起の「起」は、瞬間瞬間に生起するダイナミックな〈いのち〉のあり方を示している、ともいえるだろう。

私たちは、現在の私を私たらしめている過去からの無量・無数の因縁によって、人間としてのただいまの瞬間を生きている。すべての〈いのち〉は、そのようにして等しくありえている。人間ばかりか他の動物も、無量・無数の因縁によって動物としての〈いのち〉を生きつつ、ただいまの瞬間にありえている。

〈いのち〉は、四十億年前に地球上に誕生したという。そのなかで、人間に生まれようとして、生まれた人はいない。自分で選んだわけではないし、選ぶことはできないからである。たとえば、ゴキブリも、私たちと同じように〈いのち〉の歴史を背負いながら、ゴキブリとしての〈いのち〉を精一杯に生きている。そういうあり方において、私たちの〈いのち〉はすべて平等である。釈尊は、《縁起の道理》によってそう確認した。

釈尊によって発見されたこの道理を基本として、仏教は成り立っている。これが他の宗教と仏教との決定的な相違である。私たちは、《縁起の道理》を学べば学ぶほど、これを発見した釈尊に対する驚歎の思いを強くする。

ところで、私たちの〈いのち〉は、時間的には四十億年の生命の歴史に支えられ、空間的には他の多くの生命を奪って育まれている。しかし、私たちの〈いのち〉は、生命という物質的存在としてだけでありえているわけではない。生命も、私たちの〈いのち〉を〈いのち〉たらしめている因縁ではあるけれども、それだけではない。それ以外の有形・無形の多くの因縁があって、ただいまの私たちの〈いのち〉はありえている。

ともすると、私たちの〈いのち〉を生命という物質的存在としてのみで説明しがちであるが、釈尊の《縁起の道理》における〈いのち〉はそうではない。因縁のままに、釈尊の教えに出遇い、仏法に生きる者となっているのが、ただいまのこの私の〈いのち〉だからである。

関係性の思想

しかし、現実の私たちはどうであろうか。私たちは、自らを一個の独立した生命体と見なしている。私は私として独自に存在している。私は私であり、あなたはあなたである。自と他とが物質的に分離したまま、それぞれの生命を生きている。――そう見なしてはいないであろうか。けれども、私たちの〈いのち〉は、この世に誕生した瞬間からただいまの瞬間まで、単独で存在したことは一瞬たりともなかった。相互に関係し合うことによって、それぞれが成り立っていたのである。

にもかかわらず、私たちは、単独で存在する者同士が出遇うことを関係性だと勘違いしてしまう。そうではない。私を私たらしめているのはあなたであり、あなたをあなたたらしめているのは私である。相互に関係し合わなかったら、この瞬間の私は存在しない。関係性において、私は私たりえている。他と関係なく単独で存在する私という存在は、観念としてはありえても、現実としてはありえない。

こういう相互関係が《縁起の道理》によって見定められたのである。私がいて、あなたがいて、二人が関係し合っているのではなく、相互関係において、ただいまのこの瞬間の私は私たりえている、あなたはあなたたりえている。このただいまの瞬間だけでなく、いかなる瞬間においても、私においてもあなたにおいても、現実に〈いのち〉が単独で存在することはありえないのである。

二　涅槃寂静――〈いのち〉はゼロから生まれゼロに帰る

三法印

釈尊の仏教思想の基礎が《縁起の道理》であることは、あらためて確認した。それに基づいて成り立っているものを、「三法印《さんぼういん》」――「諸行無常《しょぎょうむじょう》」、「諸《しょ》法無我《ほうむが》」、「涅槃寂静《ねはんじゃくじょう》」という三つの仏教の旗印――と呼ぶ。「法印」とは、「仏教の旗印」という意味である。これらの法印は《縁起の道理》を基本としているがゆえに、縁起であるという前提のもとで了解されなければならない。

釈尊は、《縁起の道理》によって、さまざまな関係性のうえにただいまの存在がありえている、という考えを基本に据えた。この三法印についても、例外ではない。縁起であるからこそ、諸行（すべての作られたもの）は無常である。縁起であるからこそ、諸法（すべての存在）は無我（縁起しない不変な実在ではない）

である。縁起であるからこそ、涅槃（因縁の消滅）は寂静（静けさ）である。

これらがインドから中国・チベットに伝播した大乗仏教において、三つの法印とされているものである。

さらに加えて、「一切皆苦《いっさいかいく》」（世間的なすべてのものは苦しみとなる）も法印とされることがある。これらはすべて仏教の特徴を表している教えであるから、あわせると四つの法印ということになる（ただし、「四法印」という術語はない）。

諸行無常

さて、第一の法印「諸行無常」は、とりわけ日本仏教では最も知られているものの一つである。平安時代に日本固有の仏教が形成されたという歴史的な背景のもとで、「諸行無常」の教えは日本に定着した。『平家物語』の冒頭に、こう記されている。

祇園精舎《ぎおんしょうじゃ》の鐘の声、諸行無常の響きあり。沙羅双樹《さらそうじゅ》の花の色、盛者必《じょうしゃひ》衰の理《ことわり》をあらわす。

このように、「もののあわれ」を誘う無常観となったのである。これは、日本における独特な了解である。平安貴族が滅んでいく時代を背景として日本仏教が形成された、という歴史状況がつよく影を落としているからである。無常観は、能楽など日本固有の芸術となって展開し、定着していく。そのようにして、仏教は日本に根づいていったのである。

しかし、「諸行無常」とは、あくまで《縁起の道理》に基づいた教えであった。無常であるからこそ注意深く人生を歩まなければならない、というのが釈尊の最後の説法でもあったのである。そのことは、すでに述べた通りである。

いざ、出家者たちよ、あなた方に告げよう。

「すべてのものは滅んでいく性質のものである。

たゆまずに自らの道を忘れずに慎み深く進むがよい。」

と、これが如来の最後の言葉であった。

これは、すべての存在は縁起であるがゆえの、きわめて当然な道理を説いている。「諸行無常」というと、なんとなくうら悲しく、元気が出てこない教えのように受け取られがちだが、釈尊はそういう意味を込めたのではなかった。無常であるがゆえに、因縁のままにたえず変わり続ける人生ではあるが、そこにはまた、無限の可能性も秘められている。だからこそ、注意深く生きようではないか。そういう積極的な受け取り方が、この「諸行無常」という教えから伝わってくる。

諸法無我

第二の法印「諸法無我」の「我」とは、これまでたびたび解説してきた「アートマン」の訳語である。それは、「常住にして不変な霊的な実体」と定義されている。肉体が滅んでも「アートマン」は残って、生命を次の世へと継続していく。人間の六識（眼、耳、鼻、舌、身、意の六感官）では認識できない霊的な実在である。

インドの伝統的な宗教において、「梵我一如《ぼんがいちによ》」といわれている場合の「我」も同様である。すなわち、私たちの個体存在に内在する「我」が、世界の創主にして唯一絶対の原理である「梵（ブラフマン）」と合一する。そのとき、「我」は、生死を繰り返す輪廻の世界から解放される。ウパニシャッド宗教は、輪廻からの解脱《げだつ》をこう解釈した。「梵我一如」における「梵」と「我」との関係は、「梵」という大きな生命体に私たちの「我」という小さな生命体が帰入していく、というものである。このような、小さな生命体である「我」の存在を否定したのが、「無我」ということになるであろう。

世間におけるすべての存在は縁起であって、常住不変な「我」のようなものではない。「諸法無我」とは、こうした意味をもっていた。「無我」は、「我」という生命体を前提とするインドの正統宗教に対する批判であり、ここに釈尊の仏教の大切な眼目がある。

ところが、日本仏教において、「無我」という基本思想はそれほど重視されなかった。「無我」を前面に押し出せば、日本の民族宗教である神信仰——「タマ」「カミ」といわれる霊に対する信仰——と対峙しなければならなくなる。そのことを、あえて避けたのであろう。加えて、仏教が日本独自のものとして形成された時代は、霊的な実在を容認する密教（インドの民俗宗教であるヒンズー教の教えを取り入れた仏教）が主流となっていたことも、「無我」という法印が正確に伝えられなかった理由であったろう。

そのためか、日本仏教では、「無我」についての独特の了解がなされることになる。「我（アートマン）」は実在しない、という意味がすっかり消去されて、自らに対する執着を離れる、我執《がしゅう》をなくする、という意味に解されることが多くなったのである。たとえば、「仏法は無我にて候《そうろう》」という一文がある。それは「仏教は我の存在を否定する教えである」という意味ではなく、「仏教は我執を離れる教えである」という意味を担うことになったのである。

涅槃寂静

第三の法印「涅槃寂静」こそが、ゼロから生まれゼロに帰る、縁起する〈いのち〉の完結を示している。「涅槃」とは、語義的には、私を私たらしめていた因縁が「消滅した状態」ということである。だが、教理的に厳密化すれば、「自分の思い通りに生きようとする煩悩《ぼんのう》、すなわち自我のはたらきが滅却した状態」の意になる。

喩《たと》えて言えば、海の荒波が静まって凪《な》ぎの状態になった――生死の苦海を作り出している因縁が消滅した――がゆえに、「涅槃」は「寂静」（静けさ）となり、静まった状態がもたらされる、というのである。

ともかくも、「涅槃」は消滅という語意であり、「寂静」（＝寂滅）の境地である。私を私たらしめている因縁は刻々に変化して生滅を繰り返しているから、部分的には刻々に涅槃（消滅）し、また、部分的には刻々に生起している。そして、すべての因縁が完全に消滅した状態を「般涅槃《はつねはん》」という。「般」は、サンスクリット語の「パリ（pari）」の音写語で、「あまねく・すべて」という意味である。ゆえに、「般涅槃」は「完全な消滅」という意味になる。

親鸞は、それを「無上涅槃」あるいは「大涅槃」と呼んだ。私たちの〈いのち〉は縁起する〈いのち〉としてありえているが、その〈いのち〉を縁起せしめているすべての因縁が完全に滅尽して「無上涅槃」していく。すなわち、私たちの〈いのち〉の本来的なあり方であるゼロとなる。それこそが、因縁によってゼロから生まれゼロに帰る、〈いのち〉の完結していく姿である。

釈尊が八十歳で生涯を終えるとき、釈尊を世間的存在として釈尊たらしめていたすべての因縁はゼロになった。それを、「大般涅槃《だいはつねはん》（マハーパリニルヴァーナ・Mahāparinirvāṇa)」、すなわち「大いなる完全な涅槃」として称えたのである。「大般涅槃」は、経典のなかで、釈尊の入滅に限定されずに説かれることも少なくない。だが、基本的には、釈尊の完全な無上なる涅槃、釈尊という偉大な人の入滅としての涅槃を指す言葉である。釈尊であってさえ、「覚り」の究極は、入滅において示現する完全な涅槃によって実現された。釈尊は私たちのために「大般涅槃」を自ら演出されたのである。

釈尊は《縁起の道理》によって「聖なる智慧が獲られたなら、それはすなわち聖なる導きであり、それに従って実践する者は正しく苦の消滅（涅槃）へと導かれるのである」（本書六二ページ）と語っていた。そのように、釈尊自身もまた、涅槃寂静という完全な涅槃（滅度）へ向かって人生を歩む者であったのである。

このことについて、『仏説無量寿経《ぶっせつむりようじゆきよう》』では、こう説かれている。

成等正覚《じようとうしようがく》

釈尊は、三十五歳のときに等正覚（覚り）を成し遂げられ

て、

示現滅度《じげんめつど》　八十歳で入滅されるとき、覚りの完全な実現としての滅度（大般涅槃）を示現された。

釈尊の入滅について、大乗仏教の思想的大成者である龍樹は、きわめて明確に言及している。

本来的にゼロ（空《くう》）であるお方について、「世尊は入滅後に存在する」とか「世尊は入滅後に存在しない」と考えることは、縁起の道理にあわない。

（『根本中論偈《こんぽんちゆうろんげ》』第二二章第一四偈）

無常偈

また、第四の法印「一切皆苦」とは、思い通りに生きたいという自我の欲望のうえに成り立つ楽しみはすべて苦しみに変わり、苦の原因となる、という意味である。

この「一切皆苦」と「涅槃寂静」とが「諸行無常」とに関連して説かれているものに、有名な「無常偈《むじょうげ》」がある。

諸行《しょぎょう》無常《むじょう》
是《ぜ》生滅法《しょうめつぽう》
生滅《しょうめつ》滅已《めつい》
寂滅《じゃくめつ》為楽《いらく》

諸行は無常である。
これは生じては滅する存在（法）である。
生じては滅することが滅しおわって、
寂滅を楽となす。

この偈は、釈尊が入滅するとき帝釈天《たいしやくてん》によって説かれた、とされている。釈尊が八十歳の生涯を終えて、大いなる完全な涅槃に入られる「涅槃寂静」の情景を詠んだ詩である。

生死に流転する存在は「一切皆苦」であるが、それがそのまま「寂滅を楽となす（寂滅為楽）」あり方となる。こう説かれていると、見ることもできるだろう。

「諸行」とは、縁起的存在である私たちの現存在のすべてを表示している。縁起する〈いのち〉は、相互に関係し合う状態において存在しているのであるから「無常」であり、それはありのままの事実である。私たちの存在にとって、必然的な道理である。それが明らかになるとき、《縁起の道理》のままに生きる道が開かれてくる。生滅する生死の苦海を滅した寂滅においてこそ、安楽があり真実の悦楽がある、という内容である。

この「寂滅為楽」（寂滅を楽となす）こそが、「涅槃寂静」である。これを『仏説無量寿経』は、「但《たん》有《う》自然《じねん》快楽《けらく》之《し》音《おん》」（浄土においては、ただ自然のありのままな心地好い音があるばかりである）と説くのである。

したがって、「涅槃寂静」という旗印を、釈尊の往生論と見なしてもよいであろう。これは、のちに大乗仏教において、浄土思想として展開することになるものである。

偈を説く鬼

ちなみに、この「無常偈」については、大乗経典の『大般涅槃経《だいはつねはんぎょう》』「聖行品《しょうぎょうぼん》」に面白い物語が説かれている。

ある者が修行をしていると、遠くの方から「諸行は無常である。これは生じては滅する存在である」という教えの声が聞こえてきた。それを説いているのは、なんと羅刹《らせつ》だった。羅刹はインドの古代宗教の鬼で、人間の肉を好んで食うという。

そこで修行者は、「その続きの教えを説いて欲しい」と頼みこむ。羅刹は、「説いてやるけれども、それを聞いたらおまえを食べてしまうが、それでもよいか」と応じたのである。すると修行者は、「後半の偈を聞きたい。それを聞いたら何にも思い残すことはないから、身を捧げよう」と誓った。

後半の偈は、「生じては滅することが滅しおわって、寂滅を楽と為す」だった。それを聞いて修行者は満足し、羅刹に捧げるために樹上に登り、身を投げだした。すると、羅刹は修行者を抱きかかえて、命を助けたのである。

じつは、羅刹は帝釈天であった。帝釈天が羅刹の姿を借りて、修行者の求道が本物かどうか、試したのである。

そういう物語のなかで、この「無常偈」は説かれている。

三　浄土に生きる者となる

出家と在家

ところで、仏教は、大きく出家者の仏教と在家者の仏教とに分けられる。両者は、単に出家と在家という生活のあり方が違うというだけではなく、仏陀になるための仏道に対する取り組み方がまったく異なるのである。

簡単に言えば、出家仏教とは、自らが釈尊と同じ聖者となる道である。釈尊のように覚りによって知見された涅槃（自分の思い通りに生きようとする煩悩を断ち切った状態）を自らの身に実現して、仏陀となる道である。自ら覚りを得るために出家をし、修行に専念しながら証（覚り）による涅槃を求めるのである。その道を詳細に説明しているのが、釈尊の直弟子たちによって伝承された仏教（アビダルマ仏教）であり、それを説く初期経典である。

それに対して、在家仏教は、釈尊によって成就された覚りを信頼して、覚りにおいて明らかにされた涅槃への道を、煩悩を生きる在家のままに歩んでいく道である。覚りによって知見された涅槃を実現して、仏陀となる修行をするのではない。その教えを信じて、釈尊の覚りにより明らかにされた涅槃に向かって、歩んで生きるのである。

自らの身に覚りによる涅槃が実現されていなければ、仏教徒とは言えない、ということではけっしてない。釈尊の覚りによって明らかにされた〈いのち〉の事実を立脚地として、釈尊の覚りを信頼し歓喜して生きる。それが在家仏教の基本である。

菩薩道

「歓喜」とは、涅槃が必ず実現されるであろうことを確信して、その道を歩んでいくことに喜びを見いだすことである。大乗仏教で「菩薩道」（覚りを求め、衆生《しゅじょう》を救うために重ねる多くの修行）として説かれる菩薩の仏道は、「十地」という段階を経ながら、最後に仏陀となって無上涅槃としての「仏地」に到達する。その修行過程は、「菩薩の十地」と呼ばれている。

その最初のステージである「初地」は、「歓喜地」という名で呼ばれている。これについて龍樹は、『十住毘婆沙論《じゅうじゅうびばしゃろん》』のなかで、次のように説明している。

問うていわく。

初地をどうして歓喜地と名づけるのでしょうか。

答えていわく。

初果（初期の仏弟子の仏道における預流果《よるか》）に立ったならば、究極的に涅槃に至ることを得るように、菩薩が初地を得たならば、心に常に歓喜おおく、自然に諸仏如来となる種を増長することができるのである。

ここでは、「初地」に立った菩薩は、必ず「仏地」に至る身となることが表明されている。「初地」において必ず「仏地」に至ることができるのであるという、この仏道に立った感動、それが「歓喜」である。

それを『仏説無量寿経』は、次のように説いている。

即得往生《そくとくおうじよう》　釈尊の覚りにおいて成就されている涅槃の世界（浄土・仏地）に必ず往生する身であると確信したとき、

住不退転《じゆうふたいてん》　涅槃に至る道から退くことはない。

涅槃と浄土

私たちは、釈尊の覚りによって明らかにされた涅槃へと歩みを進める。在家仏教にとって、寂静なる涅槃としての浄土に往生することこそが、目的となるのである。それが「涅槃寂静」という旗印である。

この道をもっとも基本とする考え方、それを浄土思想という。「浄土」とは、すでに明らかなように、涅槃が実現され完成される世界である。自らが仏陀となる出家者の仏教では、浄土に往生する必要は生じない。なぜなら、出家者は、ただいまの自らの身において煩悩を断じ、涅槃を得ることが実現されるからである。一方、在家者には、自らの身において煩悩を断ち切った涅槃が実現されていない。こうして、在家者を始めとする大多数の人びとによって願求されるもの、それが浄土である。

私たちは、《縁起の道理》によって見定められた縁起的存在として、本来的に、思い通りに生きたい、という自我の成り立たない世界にいる。自我が空無化されて、縁起的存在そのものとなっている世界である。じつは、その場所こそが実際に涅槃の実現している「浄土」なのである。現にいま、その浄土にいながらも、自我の束縛から離れられずに、浄土に生きる者となりえていない。だからこそ、それを慚愧《ざんぎ》しつつ、浄土に生きる者となりたい、と願わずにはいられないのである。そこに、在家者の仏道の拠って立つところがある。

私たち在家者は、煩悩のままに生きながら、ただひたすら『無量寿経』に説かれる阿弥陀如来の本願を信じ、念仏の道を歩めばよい。そうしながら、浄土に生きる者となる往生の実現を願えばよい。なぜならば、阿弥陀如来の本願によって、私たちのうえには涅槃実現への道筋が示されているからである。すなわち、十方衆生《じっぽうしゅじょう》の〈いのち〉あるものすべてのうえに涅槃が実現されない間は、自らも涅槃に至ることはない。――阿弥陀如来のこの本願によって、私たちの浄土への往生が確定しているのである。

このことを明確にしない限り、浄土とは、死後のどこかに物理的に実在する世界のことになってしまう。たしかに、仏教における浄土は、キリスト教の天国と同じように了解され、西の彼方の別世界と考えられてきた。しかし、物理的な実在としてこの世の延長線上にある世界、生物的存在（生命）が死んだのちに赴く世界、ではないのである。釈尊の覚りによって明らかにされた涅槃に至る浄土は、まったく次元の異なるものである。

実在的な浄土と本来の浄土

浄土に向かって歩んでいく仏道、それが在家道としての念仏生活である。いうまでもなく、念仏とは、阿弥陀如来を念ずることであり、念仏生活とは、その阿弥陀如来の本願を信じて生きることである。これを、もう少し敷衍《ふえん》してみよう。

私たちは、「生かされている私」であることを受け入れることができないでいる。終始「私が生きている」という自我の束縛のなかにある。だから、「生かされている私」という身の事実を、たえず念仏によって気づかされる必要がある。そうしながら、浄土に生きる者となる人生を、生きさってていかねばならない。

『仏説観無量寿経《ぶっせつかんむりょうじゅきょう》』において、「見仏得忍《けんぶつとくにん》」ということが説かれている。その意味は、次のようである。

阿弥陀如来を念ずるということは、「私は生きている」という自我の束縛から解放され、「生かされている私」への目覚めを促す行為である。

自分の想念によって勝手に浄土を思い描くだけであれば、それは結局、単なる理想の世界になってしまう。人間の都合に合わせた浄土、あるいは死後の世界としての実在的な浄土であって、私たちの側の勝手な妄想でしかない。とくに明治以後になって、近代文明としての科学的合理主義が入ってきたとき、勝手な思いこみによって想像されていた死後の浄土の存在は、完全に打ち砕かれてしまった。死んだ後に理想的な安楽な世界があり、そこには阿弥陀如来がいる、という実在的な世界が壊滅したのである。

明治以前の人びとの多くは、死後の世界としてそうした実在的な浄土を思い描いていたのかも知れない。これは、死すべきことを知るがゆえの、やむをえない幻想である。自らの没後の世界を、自らが幻想する浄土に託したというわけであろう。しかし、それは人間の側の勝手な思いでしかない。

繰り返すが、浄土とは、釈尊の覚りが完成される無上涅槃の世界であり、どこかに実在する死後の世界ではない。にもかかわらず、浄土を何らかの実在的な未来世と思いこんでいた。それが、科学的な合理主義によって完全に打ち砕かれてしまった。近代人はそうした失われた世界の回復を求めるために、この世において実現することのできない理想の世界を未来世に想像したり、物質的な生命の循環としての次の生命に思いを致したりする。自分の思い込みで、この世とリンクさせながら浄土を想定してしまう。自我の自己保身ということであろう。どうしても、そうした過ちに陥っていくのである。

いまこそ、仏教は何のために説かれたのか、という基本に立ち帰らねばならない。釈尊によって説き明かされた覚りを求めていくこと以外には、すなわち、私たち自身が仏陀となっていくこと（成仏）以外には、仏道はないのである。最終的な目的である釈尊の覚りが私たちに実現される世界、そこに生きる者となりたいと願う私たちに、成仏《じょうぶつ》が成就する世界、それが浄土である。

第四章

〈いのち〉は業縁のままに

釈尊の業報論

一　縁起における因果関係──親から子が生まれるのか

二つの因果論

釈尊によって説かれた因果論は、もとより《縁起の道理》における因果関係のことであった。このことについては、すでに前章において明らかにされている。因果論の問題を考える際、再度押さえておかねばならないこと、それは、仏教における因果応報という業報論《ごうほう》とはいったいどういう内容なのか、ということである。

インド宗教のなかの業報による輪廻《りんね》転生《てんしょう》については、すでに説明した。過去の「因」によって現在の「果」があり、現在の「因」によって未来の「果」が定まる、という図式であった。こうした過去から現在へ、現在から未来へという時間的因果応報論を否定して、独自の因果応報を説いたのが釈尊の業報論であった。そのことを明確にしたのが龍樹《りゅうじゅ》であった。それは、どのようなものであったろうか。

時間的因果論は、現代の科学的因果論と重なるところがある。たとえば、「米の種からは米の芽が出るはずだ」という仮説に立つからである。

それに対して、龍樹が釈尊の縁起説として主張するのは、同時的相互因果論と言われている。同様の例で言えば、「米が芽を出したなら、そのとき同時に米は種となる」というものである。お互いの関係のなかで、種によって芽は芽となり、芽によって種は種となる。科学的に種と仮説されていても、芽が出ない限りは種ではなく、「因」という意味をもたない穀物にすぎない。これが、相依相待《そうえそうたい》（お互いがお互いによって成り立つ）の因果論である。

たとえば、親と子の関係について、世間一般では、「因」としての親から「果」としての子が生まれる、と言われるが、そうであれば、子が生まれる前に親がいることになる。しかし、この世に子のいない親がいるであろうか。子が生まれて親となるのである。お互いの関係において親は親となり、子は子となる。単独に存在する親もいないし、子もいない。

相依相待の因果論

龍樹は説明する。世間一般では、父と子が各々に存在していて、父は子によって成立し、同時に、子は父によって成立すべきであるというが、そうであれば、父がまだ成立していないときには、子はまだその因である父が成立していないのであるから、自らも成立していないことになる。それなのにどうして、そこに父と子の関係が成り立つであろうか。

これについて龍樹は、『廻諍論《えじょうろん》』のなかで、次のように問うている。

もし父によって子が生ぜしめられ、また、その同じ子によってその父が生ぜしめられるというのであれば、その際、いずれがいずれを生ぜしめるのかを言いなさい。　（第四九偈）

たとえば、「子は父によって生ぜしめられ、同時に、その父はその同じ子によって父となる」というのであれば、その場合、誰が誰によって生ぜしめられるのであろうか。

そのとき、誰が父であり、誰が子であるかを言いなさい。それら両者ともが父（生ぜしめるもの）と子（生ぜしめられるもの）の特徴を持っていることになり、そこにおいては、父と子の関係が成り立たないことになるので、そこに、私たちの疑いが起こるのである。　（第五〇偈）

さらに龍樹は、父と子との関係について、『空性七十論《くうしょうしちじゅうろん》』のなかでこう述べている。

父は子ではなく、子は父ではなく、しかも、この両者は相互に存在しな

いのでもなく、また、この両者は同時に単独で存在するものでもない。（第一三偈）

相依相待の因果論は、仏教の業報論の基本である。父と子とはお互いに関係し合って存在している。父は、子と関係なくして、単独に父として存在しているわけではない。子もまた、父と関係なくして、単独に子として存在しているわけではない。お互いに、同時的相互因果関係において、父は父として、子は子としてありえている。

もし、過去の私自身の因縁によって現在の私が存在する、というような時間的因果論に立ったならば、それは、過去における私の業《ごう》（行為）が因縁となって現在の私が存在している、という理解になってしまう。これでは、釈尊が「アートマン（我）」という輪廻を可能にする霊的な存在を否定し、輪廻の世界そのものを否定した、もともとの輪廻転生説と同じことになるであろう。

そのような時間的因果論を徹底的に批判しているのが、龍樹である。無始曠《むしこう》劫《ごう》（始めがわからないほど遠い過去）より流転してきた私がいるから現在の私がいる、というわけではない。私の存在は、ただいまのこの瞬間においてしかありえていない。過去に私が存在していたわけではなく、現在の私のあり方こそが問われている。龍樹の同時的相互因果論は、このように主張されている。

自覚とは何か

無始の時以来、言い換えれば、四十億年ほど前、地球に生命が誕生して以来のその継続のなかで、私の生命は誕生している。しかし、生命誕生の当初から「私」という存在があって、流転しながら現在に至っている、というわけではけっしてない。過去に私が存在していて何らかの業（行為）を行い、死に変わり、生まれ変わりを繰り返してきた結果として、現在の私が存在している、というわけでもない。さまざまな因縁によって「生かされている私」として、現在ただいま、この瞬間にありえているだけである。

私の存在は縁起する〈いのち〉を生きるただいまの私として、現在の瞬間における相互関係のなかで存在している。このような相互因果論は、また、自覚的因果論と言い換えることもできるであろう。自覚とは、現在の瞬間においてしかありえず、現在の瞬間のなかにこそ、自分の生きざまが自覚されてくるからである。

〈いのち〉の真実を知らないままに生きていた、自らの無明《むみょう》の闇から目覚めること、それが仏教における業報論である。こう説き明かしたのは、龍樹その人であった。

二　自覚内容としての因果応報

輪廻・過去との決別

龍樹は、釈尊が説く同時的相互因果論を強く主張した。親は、親という現実（結果）に立って子という因縁を自覚し、子は、子という現実（結果）に立って親という因縁を自覚する。これが釈尊の因果論である。因果関係を自覚できる人間ゆえの、因果論である。

釈尊が説くのは、こうして自覚に立った因果論となる。これを仏弟子たちは、「業は思《し》（自覚・意思）である」と定義している。私たちの行為（業）は自覚・意思のうえに成り立っている。行為による因果関係は客観的な法則ではなく、あくまでも自覚に基づくものだ、というのである。

ともすると私たちは、客観的な科学的因果論によって、仏教の因果応報を説明してしまう。たとえば、宿業《しゅくごう》についても、過去において自らが作った因縁によって現在の自分が結果されている、と考えたりする。自己の生命は連続的なものだから、過去世の自らの悪行によって現在世にこうして奴隷として生まれたのだ、といった具合にである。輪廻転生を否定した釈尊の因果論においては、このような因果論も同時に否定された。

すでに触れたように、輪廻の世界に再生することはありえない、という知見を《縁起の道理》によって獲得したのが釈尊であった。もはや再び生まれ変わることはない、ということは、とりもなおさず、過去世に存在していた「私」が現在世に転生している、という考え方も同時に否定されたのである。

宿業の自覚

しかし、残念ながら、過去世に私が存在していたわけではないのに、あたかもそうであるかのように説く誤った宿業論がまかり通ってきた。そうした歴史を、日本仏教は作ってしまった。この宿業論によって「生まれの差別」を容認してきたのが、日本仏教の姿であった。

すでに述べたように、釈尊はつねに次のように説き、「生まれの差別」を否定した（本書五五ページ）。

生まれによって貴い人となるのではない。
生まれによって卑しい人となるのではない。
なにを行うか、その行為（業）によって
貴い人ともなり、卑しい人ともなるのである。

言うまでもなく、宿業とは自覚の問題であって、他から指摘されるような客観的な事柄ではない。その人の内省における、その人自身の問題である。私たちは、縁起的存在として「生かされている私」である。このことについては、すでに明らかにした。

そうであれば、思い通りには生きられず、現に生きていないのであって、縁起のままに生きているばかりである。――そうした自身の事実に立ってみるべきではないのか。善悪・正邪すらも自分の思い通りにはならない、という現実に立ってみるべきではないのか。現実を縁起的存在であるがゆえの必然と自覚すること、それが宿業の自覚であり、「凡夫《ぼんぶ》」（自分の思い通りに生きようとする愚かな存在）という自覚でもある。

ちなみに、釈尊以後の仏弟子たちの仏教において、「五道輪廻」（地獄、餓鬼《がき》、畜生《ちくしょう》、人、天）が説かれるようになる。それはインド宗教の輪廻転生説とは異なり、あくまでもその人の自覚の世界として解されるのが通常である。自らの心のなかに地獄必定《ひつじょう》の世界が見えてくる。餓鬼や畜生に等しい自分の生きざまが見えてくる。このように、仏教の説く因果応報は、自覚によって成り立っている。

インドで、釈尊は業論者と呼ばれることもあった。それは、輪廻転生とは異なる自覚としての業報論を説いたからであろう。

三　王舎城の悲劇――韋提希と阿闍世の救済

Ⅰ　「王舎城の悲劇」という物語

王殺しの物語

釈尊の業報論を示す具体的な事例がある。「王舎城《おうしやじよう》の悲劇」という物語によって、それをうかがうことにしよう。

「王舎城の悲劇」とは、釈尊の晩年に実際に起きた悲劇である。それは、マガダ国での事件であった。釈尊の教団の最大の外護者であった頻婆娑羅《びんばしやら》（ビンビサーラ）王が阿闍世《あじやせ》王子によって王位を奪われ、殺害されたのである。この事件は、どうして起きたのであろうか。

七十歳を過ぎてもなお矍鑠《かくしやく》としている父王の姿を見るにつけ、いつになったら王位に就けるのかという焦りが、王子に生じていたのであろうか。ある伝承によれば、王子の胸のうちを察した頻婆娑羅王が王子に王位を譲ろうとした、ともいう。しかし、父王を殺害して王位を奪ったとするのが事実のようである。

阿闍世という名は「アジャータシャトル（Ajātaśatru）」という原語の音写語で、その語意から「未生怨《みしょうおん》」（未だ生じていない怨み）とも漢訳されている。以下の物語からも察知されるように、この名には「怨みが生じないように」という両親の願いがこめられていたのかも知れない。

釈尊の従兄弟にあたる提婆達多《だいばだった》は、釈尊に反逆して、その教団を支配しようとしていた。王子はその提婆達多に唆《そそのか》され、父王を幽閉したうえ獄死に追いこみ、自ら王位に就いたのである。その後、三十二年（一説には、二十七年）の在位の間、阿闍世は隣接の諸国を合併し、マガダ国の最盛期を現出させた。それゆえ、勝れた王とも称えられた。

阿闍世は父王を殺害した前非を悔い、釈尊に傾倒していた名医・耆婆《ぎば》のすすめにより、釈尊の教えに深く帰依することになる。そして、父王と同様、仏教教団の外護者となった。伝説は、こう伝えている。

こうして、阿闍世王子による父王殺害は、「王舎城の悲劇」として物語られている。大乗経典『大般涅槃経《だいはつねはんぎょう》』と浄土三部経の一つである『仏説観無量寿経《ぶっせつかんむりょうじゅきょう》』は、それを生き生きと伝えている。

その内容が『現代の聖典』（東本願寺出版）に略説されているので、それに基づいて粗筋を述べることにしよう。

阿闍世誕生の秘密

釈尊の晩年のときのことです。ガンジス河からほど遠くないところにマガダ国という大国がありました。王舎城はこの国の首都で、釈尊はここでたくさんの説法をされました。マガダ国の王であった頻婆娑羅王は熱心な信者で、夫人の韋提希《いだいけ》とともによくみ教えを聞いていました。

ところで、この二人には、なかなか世継ぎを授かりません。占師に占ってもらうと、「近くの山に住んでいる仙人が三年先に死んで、あなたの子となって、生まれてくるでしょう。」と予言しました。その仙人を見つけ出しましたが、歳の若くない王は、占師の予言した三年の月日が待てません。そこで王は、国の将来のための世継ぎが早く生まれてほしいと、仙人を殺してしまいます。仙人は死に臨んで、「王はわたしを殺した。わたしも王の子として生まれ変わったら、この仕返しに、王を殺すであろう。」と、こう言い残して、こと切れたのです。

まさにその日の夜、韋提希夫人は身ごもりました。この知らせを喜んだ王は、夜明けにさっそく占師を呼び、お腹の子の将来を占わせました。占師は「男の子がお生まれになり、立派な世継ぎとなられます。ただし、成長の後には王に危害を加えることでしょう。」と予言しました。待望の世継ぎが生まれるという予言は王にとって嬉しいものでした。しかし一方で、いつか自分が殺されるかもしれないという不安で、心は穏やかでありません。とうとうその不安に耐えきれなくなり、出産のときに子どもを高殿から産み落とすよう、夫人にもちかけました。夫人は迷い悩みましたが、言われる通りにしてしまいました。しかし、産み落とされた子どもは、指を一本けがしただけで助かったのです。一度は殺そうとしたものの、助かった子に不憫《ふびん》さと愛《いと》しさを感じた王と夫人は、「怨みを生じない者」という意味の「阿闍世」と名付け、愛情をそそいで育てました。王宮に仕える人びとは「善見太子」と呼んでいましたが、王子を「折指太子」とあだなし、また、生まれない前の怨みを抱く者という意味で「未生怨」と呼ぶ者もいました。

王位簒奪《さんだつ》

やがて、阿闍世は立派な太子に成長し、父頻婆娑羅王から、いくらかの領地を任されるようにもなりました。この阿闍世に提婆達多という野心家が近づいてきました。提婆達多は釈尊のいとこで、出家して、釈尊の弟子となったのですが、釈尊から厳しく批判されたことなどに怨みを懐《いだ》き、釈尊を殺して、教団の指導者の地位を自らのものにしたいと望んでいました。かれは阿闍世にいろいろな神通（超能力）をあらわして関心をひこうとしました。提婆達多からいろいろな奇跡を見せつけられた阿闍世は、かれを「提婆尊者」とよんで尊敬するようになりました。

阿闍世の信頼を得た提婆達多は、「釈尊はもう老齢で教団を指導するにはふさわしくありません。だからわたしが釈尊にとってかわって教団を統理する仏陀となりましょう。あなたも歳をとった父王を倒して新しい王になるべきです。新しい仏陀と新しい王とが協力して世を治めていきましょう。」と囁《ささや》きました。阿闍世は、「そんなことを言ってはいけません。」と窘《たしな》めたところ、提婆達多は自らの野望を遂げるために、阿闍世の知らなかった出生の秘密を暴露してしまったのです。阿闍世は、これを雨行《うぎょう》という大臣に確かめました。雨行もやはり同じことを言うので、遂に提婆達多の言葉を信じてしまいました。そして、とうとう提婆達多のはかりごとにのって、父王を倒す決心をしたのです。このようにして、王舎城の悲劇がおこります。

こうして「王舎城の悲劇」は、占師の予言どおりに引き起こされる。この予言は事件の伏線となるものだが、「王はわたしを殺した。わたしも王の子として生まれ変わったら、この仕返しに、王を殺すであろう」という、このような通俗的な因果応報が釈尊の業報論であるわけではない。この悲劇のなかで、韋提希と阿闍世が釈尊によってどのようにして救済されていくか、その救済の根底に釈尊の業報論が説かれるのである。

ちなみに、『仏説観無量寿経』では、息子の阿闍世によって裏切られた韋提希夫人の悲歎と救済に重きが置かれ、『大般涅槃経』では、父王を殺害して王位を奪った阿闍世の慙愧《ざんぎ》と救済がモチーフとなっている。

Ⅱ　わが子に裏切られた韋提希夫人の悲歎と救済

韋提希の幽閉

それでは、『仏説観無量寿経』によりながら、韋提希の悲歎と救済の物語をさらってみよう。

そこでは、「息子に裏切られたりする憂いや悩みのない世界」に生まれたい、と願う韋提希の願いに対して、釈尊の説法がなされているのである。韋提希は、徐々に自らの願いから解放されて、救済への道を歩み出す。同じく『現代の聖典』に述べられている手引きを補訂しつつ、その概略を示してみよう。

人は、誰でも、生まれて、生きて、死ぬ。

その生まれて生きる人生のなかで、一度も不幸や苦しみに出遇わない人はどこにもいないでしょう。苦しみから逃れようとすれば苦しみは追いかけてくる。不幸をなくそうとする努力が、かえって、新しい不幸を作り出すことさえあります。

わたしたちは、不幸や苦しみに出遇ったときにどうすればよいのでしょうか。

平和で優雅な生活を楽しんでいた、国大夫人である韋提希は、突然、自ら生んだわが子阿闍世によって剣を向けられ、逃れることのできない宮廷の奥深くに閉じこめられてしまいます。苦悩のために身も心もやつれはてた韋提希は、自身の苦しみを機縁として、更《あらた》めて釈迦牟尼仏《しやかむにぶつ》に出遇うことができました。そしてその仏陀の智慧の光に照らされて、韋提希はいままで想像もできなかった、広大な世界、深い人生の意味に目覚め、心に歓喜を生じ、「無生法忍《むしようぼうにん》」（自分は単独で自立して生きている存在である、というこれまでの自我的な思いこみが打ち破られ、単独で生きている「いのち」などは何ひとつとして存在しない、という根本的な転回を内容とする目覚め）を得て、苦悩は除かれ、釈尊の教えである阿弥陀如来の本願を信じて生きる、浄土（釈尊の目覚めが実現されている世界）への道を力強く歩む者となったのです。そのことを説いているのが、『仏説観無量寿経』です。

釈尊の出現

頻婆娑羅王は、息子の阿闍世によって牢獄に幽閉され、飲食を断たれていた。韋提希は、その延命を図ったのである。ところが逆に、息子の逆鱗《げきりん》に触れ、自身も牢獄に幽閉されてしまう。

さて、閉じ込められた韋提希は、あまりのことに心もくだけ、悲しみのために身もやつれはててしまいました。この絶望の底にあって、残されたただひとつの道は釈尊におすがりすることだけでした。そこで韋提希は、はるか耆闍崛山《ぎしやくつせん》にいらっしゃる釈尊に向かって礼拝し、申し上げました。

「世尊、かねがねあなたさまはよく阿難《あなん》尊者をおつかわしになって、わたしを慰めてくださいました。いま、わたしはつらくてどうしようもありません。でも、世尊のおでましを願うのは、あまりにもおそれおおいことでございますから、どうかお弟子の目連《もくれん》尊者と阿難尊者をおつかわしくださいませ。」

　このように言い終わると、韋提希は悲しみの涙を雨と注ぎ、また、はるか釈尊に向かって礼拝いたしました。韋提希が深く下げた頭を挙げないうちに、耆闍崛山におられた釈尊は韋提希の心をお見通しになり、すぐに目連尊者と阿難尊者に命じて空からつかわされました。仏陀ご自身は、耆闍崛山から姿を消して、たちまちのうちに王宮に出現されました。

　さて、韋提希が礼拝を終えて頭を挙げると、そこには思いがけなくも世尊釈迦牟尼仏がいらっしゃいました。その御身は紫金色《しこんじき》に輝き、百宝の蓮《れん》華《げ》の上にお座りになっています。目連尊者は左側に、阿難尊者は右側にひかえています。（中略）仏陀世尊の尊いお姿を拝した韋提希は、はりつめ取りつくろうていた気持ちがいっきに破れ、身につけていた玉飾りを引きちぎり、身を投げ出して号泣しました。そして、釈尊に向かって、

「世尊、わたしは前世にどんな罪をおかした報いで、こんな悪い子を生んだのでしょうか。それにまた、世尊は、どういうわけで、わが子をそそのかしたあのにくい提婆達多と血がつながっているばかりか、お弟子にまでされているのでしょうか。」

と、愚痴と怨みのありったけをぶちまけました。

夫人は悲歎に暮れて、胸のうちのすべてを吐き出した。釈尊は、わが子を唆した提婆達多を弟子にしている。釈尊にこそ責任があるのではないか。こう愚痴を言ったのである。

〈いのち〉への目覚め

我が子に裏切られるような罪悪にみちた世界にはいたくない。どうか憂いや悩みのない世界に生まれたい。――こう願う夫人に対して、釈尊は静かなほほえみをもらし、眉間《みけん》から光を放つや、牢獄に幽閉されている頻婆娑羅王の姿を照らし出した。すると王は、同じように幽閉されているにもかかわらず、愚痴ひとつ言うことなく、その光の方に向かってひざまずき、深く頭を垂れて礼拝しているではないか。その姿を、夫人は目の当たりにするのである。

そこから釈尊の説法が始まる。憂いや悩みのない世界に生まれたい、と願う韋提希の願いに応じて、阿弥陀如来の極楽世界をさまざまに示すのである。しかし韋提希は、そこに生まれる資質のない自分であることに気づかされつつ、次第に覚《さと》りへと導かれていく。私たちの〈いのち〉は縁起する〈いのち〉であり、関係性のなかで生きている〈いのち〉である、と。やがて、自分だけの安楽を求めていたその願いが打ち破られ、いままで想像もしなかった〈いのち〉

の真実に目覚めるのである。ついに阿弥陀如来と出遇った韋提希は、ただもっぱら「南無阿弥陀仏《なむあみだぶつ》」と念仏する者となっていく。

その様子を、『仏説観無量寿経』の掉尾《ちようび》が感動的に描いている。

釈尊の説法により、次第に目覚めていった葦提希夫人は、真実の「いのち」への目覚めを願ってやまない阿弥陀如来と出遇うのである。阿弥陀如来のお姿と、それに従う観音《かんのん》・勢至《せいし》の二菩薩を見たてまつることを得て、阿弥陀如来と出遇った夫人の心はよろこびに満ちあふれ、いままで想像もできなかったあり得ないことが起こったと感動して、今までの悲歎に暮れていた姿はなくなり、廓然《かくねん》として（晴れやかな心持ちになって）大きな目覚めを得た。「この私はわが子との縁によって私であり得ている。私なくしてわが子はなく、わが子なくして私はない」と、単独で生きている私の「いのち」はなく、お互いがお互いによって成り立っているという縁起する「いのち」のままに、みずからを引き受けて生きることのできる真実（無生法忍）に目覚め、ただひたすら念仏する者となったのである。

Ⅲ　父王を殺害して王位を奪った阿闍世王の慚愧と救済

阿闍世の苦悩

提婆達多に唆されて父王を殺害してしまった阿闍世は、自らの罪に苦悩する。その様子は、大乗経典『大般涅槃経《だいはつねはんぎょう》』に詳しく説かれている。罪への苦悩によって全身は熱を発し、皮膚からは膿《うみ》を生じた。膿は瘡蓋《かさぶた》となり、悪臭を放った。すさまじい様相が物語られている。

父王を殺す以前にも、多くの臣民の命を奪っていたにちがいない。だが、そのとき、苦悩することはなかったのであろう。父王の殺害によって、初めて苦悩に苛《さいな》まれることになったのである。

ここに、人を殺せば必ず苦悩する、という因果関係があるわけではない。たとえば、戦場で敵兵を殺しても、苦悩する人と誉れに思う人とがいるようなものである。しかし、仏教は、自らの罪に苦悩する人をこそ救済する。罪が問われ、苦悩の只中でその因縁が理解され、自覚されてくるのである。地獄必定という未来もまた、見えてくる。

阿闍世は、王位に就きたいという欲望から父王を殺害してしまった。それを慚愧《ざんぎ》するのはなぜであろうか。仏教において、父親の殺害は、「五逆罪」（人間として最も重い五つの罪）の一つとされている。経典では、父殺しの重罪を犯したがゆえの苦悩と説かれている。

自らの罪に苦悩し慚愧する王子に対して、釈尊の教えに深く帰依《きえ》していた名医・耆婆《ぎば》はこう告げるのである。「釈尊はいつも『慚愧なきは畜生に等しく、慚愧があるからこそ人間である』と説いている」、「慚愧する者こそが仏法によって救われるのである。罪を慚愧している大王こそ、仏法を聞く資格がある」と。こうして、釈尊の説法を聞きにいくよう説得する。

天からの声

その様子を『大般涅槃経』に基づきながら、説明してみよう。

そのとき、天から声が聞こえてきます。

「大王よ、五逆罪のなかの一つの罪（父を殺すこと）を犯した者は、いまあなたが苦悩に苛まれている、そのような罪を受けます。もし二つの罪を犯せば、その罪は二倍になり、五つの罪を犯せば、その罪は五倍になります。大王よ、私はあなたが自ら犯した悪行から、決して逃れることのできないものであることを知っています。ただどうか大王よ、急いで釈尊のところへ行ってください。釈尊を除いて、あなたを本当に救える方はいらっしゃいません。私はあなたを哀れに思うがゆえに、その様子を見て導くのです。」

大王は、この言葉を聞き終わって、こころに恐れを抱き、恐ろしさのあまり、身体をぶるぶる震わせること、芭蕉《ばしよう》が風に吹かれて揺れ動くようであった。そして天を仰いで申された。

「あなたは一体誰ですか。姿かたちなく、ただ声だけが聞こえています。」

「大王よ、私はあなたの父、頻婆娑羅王です。あなたはいまこそ、耆婆が説いたところに従いなさい。」

王はそれを聞き終わって、もだえ苦しみ、気絶して地面に倒れ、身体の瘡蓋《かさぶた》は増大し、膿を持って腐った傷は以前にも増して臭くなった。熱を冷やす薬を塗って治そうとするけれども、瘡蓋や熱はいよいよ増して、減ることはなかった。

ここに、「釈尊の教えを聞け」という声が天から聞こえてくる。天とは、地上における善悪や正邪や愛憎という分別《ふんべつ》が寂滅《じやくめつ》した世界、すなわち、清浄な空《くう》（ゼロ）の世界を意味している。しかも、天から聞こえてくるのは、自分が殺した父親の声である。父を殺した罪に苛まれている阿闍世にとっては、もだえ死ぬほどの苦しみであった。殺した者から救いの手が差し伸べられるという、まさしく苦悩のどん底に阿闍世はいる。

苦悩する者のために

　そのときに釈尊は、涅槃《ねはん》に入る（入滅の）ために、二本の沙羅《さら》の木のあいだに伏しておられ、阿闍世が苦しみもだえ気絶して地面に倒れるのをご覧になり、人びとに告げられた。

「私は今、阿闍世のためにこの世にとどまり、数え切れないほどの未来世に至っても涅槃に入ることはない。」

　迦葉菩薩《かしようぼさつ》は釈尊にこのように申された。

「世尊、如来《によらい》はすべての生きとし生ける者のために涅槃に入らないと言うのならばわかりますが、どうして阿闍世王ただ一人だけのために涅槃に入らないと言われるのですか。」

釈尊が申されるには、

「善男子よ、ここに集う大衆《だいしゅ》のなかで、一人として私は定《さだ》んで涅槃に入りたいと言う者はいない。しかし阿闍世王だけは定んで、私は地獄の苦しみを永遠に滅したい。涅槃に入りたいと言い、もだえ苦しみ、自ら地面に身を投げ出しているではないか。善男子よ、あなた方は、私が阿闍世王のために涅槃に入らないという本当の意味を理解していない。なぜかと言えば、私が阿闍世王のためにと言っているのは、苦悩して生きている『すべての凡夫のために』ということである。阿闍世王とは五逆罪を犯したすべての人びとと同じことである。〝ために〟とは、いろいろな因縁によってありえている、すべての生きとし生ける者の〝ために〟ということである。私は因縁を超えた自分の存在を知る人びとである、覚りを開いた衆《しゅ》生《じょう》のために、この世にはとどまらない。そのような人びととは、すでに迷える衆生ではないからである。阿闍世王のように、煩悩《ぼんのう》を持っている衆生のためにこそ、私は涅槃に入らないのである。」

「阿闍世王ただ一人だけのために涅槃に入らない」という釈尊に、疑問を呈したのは迦葉だった。こうして、いわゆる出家者の代表に対して説法された後、いよいよ阿闍世に対する説法が開始される。その最初は、次のようである。

「もし阿闍世王に罪があるとすれば、私たちもろもろの仏たちにもまた罪があることになる。どうしてかというと、あなたの父である頻婆娑羅王は、常に諸仏の教えに従い、さまざまな善行をなし善き政治をおこない、人びとから慕われる功徳《くどく》を積んだ。そのために今日まで王位に就くことができたのである。

もしもろもろの仏を供養することをしなかったならば、頻婆娑羅王は今日まで王でなかったであろう。もし頻婆娑羅が王でなかったならば、あなたは国のために父親を殺すということもなかった。もしあなたが王である父親を殺したことが罪になるならば、あなたの父親を王にしていた私たちもろもろの仏にも罪がある。あなた一人に罪があるということがどうして言えようか。」

ここに、私たちが縁起的存在であることが説かれている。父親を殺害した阿闍世の行為は、さまざまな関係性によって起こった事件であり、阿闍世一人の罪ではない、と釈尊は説くのである。

一つの挿話

このような説法から、私たちの身近なところで起こった一つのエピソードを思い出した。それは、次のようなものである。

ダンプカーの運転手が、横から急に飛び出してきた子供をひき殺してしまった。ブレーキが間に合わなかったのである。運転手は、取り返しのつかない過ちを犯してしまった罪に苦悩した。ひき殺した子供の葬儀に行き、心からの謝罪をしようと思うが、いくら謝罪しても子供の命が生き返ることはありえない。親の気持ちを思うと、心は張り裂けそうになる。

苦しんだ末に、どんな仕打ちを受けてもお詫びせねばならない、と決意して、葬儀で涙ながらに謝罪をした。すると、その親は、「私たちの子供が飛び出したために、あなたに大変なご迷惑をおかけしています」と、涙ながらに運転手に語ったのである。自分がひき殺した子供の親からこのような言葉を聞いて、運転手は耳を疑い、驚き仰天した。

運転手の涙も親の涙も、失われた幼い子供の〈いのち〉を悲しんで流れ出た涙である。子供が飛び出さなかったらひき殺せない。まして子供がいなければ、飛び出すこともない。ダンプカーが別の道路を走っていたら、この子供をひき殺すことはない。さまざまな関係性のなかでの事件である。

幼い子供の命は失われたけれども、子供をひき殺した運転手と子供をひき殺された親とは、それ以後、子供の命日にはそろって墓参りを続けている、というエピソードである。

お互いが加害者となり、お互いが被害者となるという関係性への目覚めが、釈尊の業報論によってもたらされる。そこには、罪を背負いながら救われていく世界がある。

その運転手は、日本人として、日本の刑法にしたがったしかるべき刑罰を科せられ、償いをしたことであろう。それは、法治国家における約束事としての刑罰と償いである。しかし、縁起的存在としての運転手と子供の親との関係性には、罰も償いも必要がない。なぜなら、償いによって終止符が打たれ、決着されるような事柄ではないからである。

しかし、だからといって、けっして残酷なことでも過酷なことでもない。そこでは、ひたすら罪を慚愧しつつ生きる力が与えられるからである。

縁起的業報論

もとより阿闍世は王であり、社会的な制裁としての罰も償いも科せられたわけではない。だが、釈尊の教えに帰依し、自らの罪を慚愧しつつ、すべての生きとし生ける〈いのち〉が縁起的存在であることに深く頷《うなず》いた。そして、王として善政を行っていくことを強く望んだ。この自覚と決意こそを、自らに科した罰と償いとして生きたにちがいない。世尊といえども縁起的存在のままに世尊であり、頻婆娑羅王も阿闍世も、同じように縁起的存在のままに関係し合っている。

お互いは、つながり合って生きている。そうした身の事実を引き受けることと、それを釈尊の業報論は説いている。

そのときに阿闍世は、釈尊が説かれたように肉体を観察し、ないし心を観察した。そして、観じ終わって、釈尊にこのように申しあげた。

「世尊、私は今初めて、肉体は無常である、ないし心も無常であることを知りました。私がもっと以前からこのような教えに出遇っていたならば、罪をつくらずにすんだのかもしれません。世尊、私はかつてこのように聞いたことがあります。諸仏世尊は常に生きとし生ける者のための父母となる。諸仏が私たちの父母となっているというこの言葉を聞いても、その意味がよくわかりませんでした。今やっとその意味を理解することができました。私たちはただ一人で生きているのではなく、父母と子の如くに、お互いに生きあっている縁起的存在であると、諸仏世尊は苦悩する私たちを哀れみ、その苦悩をともに背負ってくれる父母であることを知りました。世尊、私はまたかつてこのように聞いたことがあります。須弥山《しゅみせん》は四つの宝である金、銀、瑠璃《るり》、玻璃《はり》（水晶）でできている。そこにどのような鳥が集まっても、その場所では同じ色に輝くのであると。この言葉を聞いてもよく意味がわかりませんでした。私は今、仏が須弥山に来られて、ともに同じ色に輝いています。仏とともに同じ色に輝くということで、あらゆるものは縁起的存在であることにおいて、すべては等しく無常であり、苦しみあるものであり、単独に生きる私はありえなく無我であるという真理を理解することができました。

世尊、私はこの世の中で悪臭を放つ樹の種子（伊蘭子《いらんし》）から悪臭を放つ樹（伊蘭樹）が生えるのを見たことはありますが、悪臭を放つ樹の種子（伊蘭子）からかぐわしい香りを放つ栴檀《せんだん》の樹（栴檀樹）が生えるのを見たことがありませんでした。

しかし私は、今初めて、悪臭を放つ伊蘭子からかぐわしい香りを放つ栴檀樹が生えるのを見ることができました。悪臭を放つ伊蘭樹とは、この私の悪臭を放つ身体であり、かぐわしい香りを放つ栴檀樹とは、これまで仏教の教えを信じるということをしなかった、今の私の心です。私には世尊の教えを信じる心が起こる何の根拠もないのに、今、その信を世尊よりいただいたのです。私は「無根《むこん》の信」をいただいたのです。

私は初め、仏教の教えを信じるということをせず、如来を敬うことを知らず、教法や出家者を信頼しませんでした。世尊、もし私が如来や世尊に出遇わなければ、まさにはかり知れないほどのあいだ、大地獄におちて、無限の苦しみを受けていたでしょう。私は今世尊にお遇いできた。この功徳をもって、生きとし生ける者のあらゆる煩悩や悪心の苦しみを破ることができました。」

無根の信

ここに、「無根の信」という、仏教の基本思想を表現する重要な言葉がある。信の種子がないのに信が生まれた、というのである。たとえば、麦の種子からは当然麦の芽が出るはずなのに、常識を覆して麦の種子から米の芽が出たら、いったいどうなるのであろう。これは、世間ではありえないことである。しかるに、これまでの私に信の種子がないにもかかわらず、信ずる心が私に縁起した。これは、世間的な常識においてはまことに不思議なことであろうが、仏教の基本思想からすれば何ら不思議ではなく、十分にありえることなのである。

なぜならば、繰り返すまでもなく、私たちは縁起的存在であるからである。「私がいて、私が生きている」のではない。さまざまな因縁によって、「生かされている私」なのである。信ずる「私」がいて、信ずるのではない。「無根」とは、信ずる「私」は無我でありゼロ（空）であって、本来的には存在していない、ということである。信ずる心が「私」となって縁起した、ということである。縁起的存在だからこそ、「無根の信」が成り立つ。そのような〈いのち〉への目覚めを得て、阿闍世は感動し、歓喜したのである。

父親を殺した阿闍世も、釈尊の教えを深く信じていた頻婆娑羅王も、また釈尊自身も、お互いにつながっていて分かちがたい。そういう関係性のなかで、因縁のままに阿闍世であり、因縁のままに頻婆娑羅王であり、因縁のままに釈尊である。因縁のままに生きている者同士のなかでの出来事である。

父親を殺したという罪は、生涯にわたって背負い続け、慚愧し続けていかねばならない。しかし、父親を殺したという業（行為）もまた縁起であって、「私」

の業ではないのである。そのことが明らかとなり、地獄は必定と恐れおののいていた業の報いの束縛から解放されていく。苦悩から解放されていく。それだけでなく、業の報いを引き受けて、それを乗りこえていく生き方が開かれてくる。これこそが、仏教における救済である。その基本となっているものは、私たちが縁起的存在である、という〈いのち〉への目覚めである。

第五章　輪廻から解放された〈いのち〉　釈尊の往生論

一　涅槃する〈いのち〉

菩薩の誓願

これまでたびたび説明してきたように、釈尊は「生死する〈いのち〉」を「縁起する〈いのち〉」と見定め、その行方を「涅槃寂静《ねはんじやくじよう》」あるいは「入滅《にゆうめつ》」と説いた。「涅槃（消滅）は寂静（静けさ）である」。その涅槃が完全に実現されるときが、「入滅」（完全な涅槃に入る）である。また、私を私たらしめていたすべての因縁が消滅するとき、「無我」となり、「私」という何ものも残存しない。

たとえば、この世において煩悩《ぼんのう》を断じ、涅槃を得る聖者への道に立って出家した一休禅師《いつきゆうぜんじ》の古歌（「一休和尚法話」）が思い浮かぶ。一休は、こう詠んだ。

引き寄せてむすべば草の庵《いおり》にて
解くればもとの野原なりけり

「生死する〈いのち〉」を、クールに「草の庵」に喩《たと》えたのである。しかし、私たちの現実は、自在に生きる一休禅師のように世間を超脱することができない。

釈尊の覚《さと》りによって明らかになった涅槃寂静という〈いのち〉のありようそのままに、それを身の事実として生きられずにいる。相変わらず、「私がいて、私が生きている」という自我による束縛から解放されることなく、自分の思い通りに生きたい、という煩悩を断ち切ることができないでいる。煩悩とは何であり、煩悩から解放されるとはどのようなことか。それを教えられ頷《うなず》きながらも、身に実現して生きることができないでいる。

このような私たちのために、大乗仏教の菩薩《ぼさつ》たちは誓願を立てた。「私はいつでも仏陀となることができるが、仏陀となりたいと願うすべての人びとが覚りを実現して仏陀とならない間は、それまで私も仏陀とはならない」。これがすべての〈いのち〉あるもの、すなわち、十方衆生《じっぽうしゅじょう》の救いを願う菩薩精神である。

菩薩たちのこのような誓願は、どうして可能なのであろうか。私たちは、いかに煩悩にまみれていようとも、仏陀となることを求めてやまない限り、仏陀と同じ〈いのち〉の事実のうえにすでに生きている。こうしたことが、菩薩たちによって確認されていたからである。すべての〈いのち〉あるものは、釈尊の覚りによって見定められた「縁起する〈いのち〉」を現に生きている、という「〈いのち〉の事実」である。これは、釈尊のように仏陀となって生きていても、私たちのように煩悩のままに生きていても、同じ平等な地平なのである。

この事実を、菩薩たちは知見している。だからこそ、それは単なる理想としての無責任な願望ではなく、すべての〈いのち〉あるものは必ず仏陀となる、という誓願となりうるのである。それは、「必ずそうなる」という必然性に基づいた誓願である。私たちは、自分の思い通りに生きようとする自我に束縛されつつも、現実には縁起的存在としてこの世に生きている。それゆえ、浄土に生きる者となりたいと願うだけで、すでに浄土に往生し仏陀となることが確定するのである。そのようにして、菩薩たちの誓願は成り立っている。

煩悩のままにしか生きられない私たちではあるが、こうして、必ず仏陀となることのできる道を具体的に説き示しているもの、それが阿弥陀如来《あみだにょらい》の本願を説く浄土経典である。

阿弥陀如来の本願

それでは、大乗仏教のなかにあって、その初期から成立している浄土経典は、どのような成立理由によって説かれるようになったのであろうか。そこに説かれている浄土思想とは、どのような内容なのであろうか。

浄土思想の基本で、阿弥陀如来の本願を説くのが『無量寿経《むりょうじゅきょう》』である。阿弥陀如来は、そこでは法蔵菩薩《ほうぞうぼさつ》という人格をもって登場し、私たちと同じ地平に立って私たちを覚りへと導くための誓願を立てるのである。仏陀となることを願うすべての人びとを阿弥陀如来の極楽に生まれさせ、仏陀とならしめる。それが「必ずそうなる」という必然性において確定され、誓願が成就される。それを、「阿弥陀如来の本願」という。

『無量寿経』では、法蔵菩薩によって四十八の誓願（経典の諸本によって、願の数は異なる）が選択《せんじやく》されている。それは、すべての人びとを極楽に摂取するためのものである。どのような誓願を立てれば、すべての人びとが阿弥陀如来の本願を信じ、その仏国土である極楽世界に生まれたいと願うようになるのか。法蔵菩薩は、長きにわたって思惟され、苦慮された。物語は、そう語っている。

私たちが阿弥陀如来の極楽に生まれるのは、そこで覚りを実現するためである。こう語っている基本的な誓願（『仏説無量寿経』では第十八願）がある。

たとえ私が覚りを得ても、すべての人びとが無上なる涅槃を実現したいと心に決めて、信楽《しんぎょう》（澄浄《ちょうじょう》なる信心）をもって、阿弥陀如来の極楽に生まれたいと欲しても、もしも生まれることができない者がいるようであるならば、それまでは、私は覚った者とはなりません。

私たちは、仏陀となることを望んで、釈尊によって覚られた覚りの世界に身を置く。しかし、それがなかなか実現できない。そういう私たちに対して、誓願がなされるのである。阿弥陀如来の極楽に生まれて、釈尊の覚りを一緒に実現しようではないか、と。迷いから覚りへという動向が、私たちに約束される。これを、「往相《おうそう》」という。

往相回向

「往相」とは、帰路に対する往路をいう。煩悩のままに生きる私たちは、自らの努力によって浄土に生きる者となることはできない。だが、法蔵菩薩の誓願によって、それを実現する道筋が回向《えこう》されて（ふり向けられて）いる、というのである。

親鸞は、これを「阿弥陀如来の往相回向の真因なるがゆえに、無上涅槃のさとりをひらく」（『浄土《じょうど》三経《さんぎょう》往生《おうじょう》文類《もんるい》』）と確認している。四十八願はすべて、私たちを極楽に生まれさせ、そこにおいて無上涅槃の覚りを実現せしめるために回向されている誓願である。そのなかにあって、この誓願こそが私たちが往相していくために回向される真の因、「阿弥陀如来の本願」とされるのである。

親鸞は、「正信念仏偈《しょうしんねんぶつげ》」（『教行信証《きょうぎょうしんしょう》』「行巻」）のなかで、次のように示している。

（1）本願《ほんがん》名号《みょうごう》正定業《しょうじょうごう》　本願の名号は正定の業なり。
（2）至心《ししん》信楽《しんぎょう》願為因《がんにいん》　至心信楽の願を因とす。
（3）成等覚《じょうとうがく》証大涅槃《しょうだいねはん》　等覚を成り、大涅槃を証することは、
（4）必至《ひっし》滅度《めつど》願成就《がんじょうじゅ》　必至滅度の願成就なり。

（5）如来《にょらい》所以《しょい》興出世《こうしゅつせ》　　如来、世に興出したまうゆえは、
（6）唯説《ゆいせ》弥陀《みだ》本願海《ほんがんかい》　　ただ弥陀本願海を説かんとなり。

この内容を、順序立てて分かりやすく説明してみよう。

正信念仏偈解読

（1）「本願名号正定業」。阿弥陀如来の本願によってこそ、すべての〈いのち〉あるものが覚りを実現することができる。もろもろの仏たちがこう推奨しているのであるから、その本願を信じ、阿弥陀如来を憶念することは、覚りを実現するために正しく定まった行いである。

（2）「至心信楽願為因」。それは、先に述べたような本願（「至心信楽の願」「念仏往生の願」）を因としている。繰り返しになるが、もう一度掲げてみよう。

たとえ私が覚りを得ても、すべての人びとが無上なる涅槃を実現したいと心に決めて、信楽（澄浄なる信心）をもって、阿弥陀如来の極楽世界に生まれたいと欲しても、もしも生まれることができない者がいるようであるならば、それまでは、私は覚った者とはなりません。

（3）「成等覚証大涅槃」。『仏説《ぶっせつ》無《む》量寿経《りょうじゅきょう》』に、釈尊の生涯が伝記（仏伝文学）にもとづいて説かれている。すでに述べたように、釈尊は、「等正覚《とうしょうがく》（覚り）を成して、滅度（無上涅槃・大涅槃）を示現された」。それをここでは、釈尊が覚りを成し遂げられて、覚りの究極的で完全な実現である大涅槃（無上涅槃・滅度）という証果を自らの入滅において証明された、とする。

（4）「必至滅度願成就」。そのことによって、以下の本願（第十一願）はすでに成就されたものとなる。

たとえ私が覚りを得ても、私の極楽世界に生まれるであろう生ける者たちのすべてが、覚りを実現する者として正しく定まった者（正定聚《しょうじょうじゅ》の者）と決定され、必ず「すべてはゼロ（空《くう》）である」という完全な涅槃（滅度）を実現するに至らないようであるならば、それまでは、私は覚った者とはなりません。

ちなみに、この本願文は『仏説無量寿経』を基本としているが、その異訳本である『無量寿如来会《むりょうじゅにょらいえ》』（『大宝積経《だいほうしゃっきょう》』第五会《え》、菩提流志《ぼだいるし》訳、八世紀初頭訳出）では、次のようである。

たとえ私が覚りを得ても、私の極楽世界に生まれるであろう生ける者たちのすべてが、もし決定して等正覚を成して、大涅槃という証果（証大涅槃）を得ないようであるならば、それまでは、私は覚った者とはなりません。

これら両本の本願文を比べながら、親鸞は、正定聚、すなわち「覚りを実現する者として正しく定まった者」（念仏者）と等正覚の者（釈尊）とは「必至滅度」（必ず滅度に至ること）・「証大涅槃」（大涅槃という証果を得ること）において「ひとつこころ、ひとつくらいなり」と、門弟に宛てた手紙（『親鸞聖人御消息集』）のなかで述べている。親鸞は、この本願を「必至滅度の願」「証大涅槃の願」と呼称した。

（5～6）「如来所以興出世」「唯説弥陀本願海」。釈迦如来（釈尊）が、この世にお生まれになったのは、『無量寿経』において、ただただ、このような「至心信楽の願」と「必至滅度の願」が含まれている、海のように深く広く果てしない本願を説こうとされたからである。

親鸞は、『浄土三経往生文類』「大経往生《だいきょうおうじょう》」（『無量寿経』に説かれている往生）において、ここに説かれている二願を因果関係において示している。それは、次のようである。

> 念仏して浄土に往生して仏になりたいという願（念仏往生の願）が因となって、必ず完全な涅槃（滅度）に至らしめるという願（必至滅度の願）が果として得られる。

無上涅槃

煩悩を断ち切ることができずに、苦悩のなかに生きるしかない私たちではある。だが、阿弥陀如来の極楽に往生することによって、釈尊が示現された無上涅槃（完全な涅槃）は実現される。その道筋が、これらの本願として、私たちに回向されているのである。釈尊は《縁起の道理》によって仏陀となり、安穏なる涅槃の境地において、如来として説法の生涯を送られた。そして、涅槃の究極的で完全な実現、すなわち無上涅槃（完全な涅槃）を自らの入滅において証明された。釈尊と同じく、私たちを無上涅槃に至らしめようとすること、それがこの本願の真意である。

親鸞は、『教行信証』「教巻」の劈頭《へきとう》で、このことを明確に述べている。文意を汲んで解釈するならば、次のようである。

この『無量寿経』は何のために説かれたのかと言うならば、阿弥陀如来が、私たちを無明《むみよう》〈いのち〉に対する無知）の輪廻《りんね》の世界から極楽世界へ生まれしめるための誓いを発願され、すべての人びとのために広く釈尊の教えの宝庫を開いて、特に煩悩に束縛されて生きている凡夫《ぼんぶ》を哀れんで、選《せん》択《じやく》した四十八願をもって、すべての人びとを救済する選《すぐ》れた特性のある宝を施すためである。そのために、教主である釈尊が、この世にお生まれになって、私たちが仏陀と成る念仏道を明確にされて、ありとあらゆるすべての人びとを救いあげ、一人として救われない人がいない究極的な救済を実現しようとされたのである。

引用の後半部分は、浄土思想における釈尊の「出世本懐《しゅっせほんがい》」（釈尊がこの世に生まれた真の目的）である。あらためて説明するまでもなく、「縁起する〈いのち〉」を生きている私たちは、釈尊の覚りによって見定められたあり方に身を置きながら、それを実現できずにいる。「私が生きている」という自我による煩悩のために、無明の闇のなかにいるからである。そのような私たちを、そのまま無上涅槃に至らしめようとして、釈尊によって説かれたのが阿弥陀如来の本願海である。

煩悩を生きる私たちと本願との関係について、親鸞は、次のように和讃している。

本願力《ほんがんりき》にあいぬれば

むなしくすぐるひとぞなき
功徳《くどく》の宝海《ほうかい》みちみちて
煩悩《ぼんのう》の濁水《じょくしい》へだてなし
（「高僧和讃《こうそうわさん》」）

阿弥陀如来の本願の力に遇ったならば、煩悩のなかに生きているそのままに、私たちは無上涅槃に至らしめられる。仏になりたいと願う私たちに対して、そのように誓願されているのである。煩悩のままに生きる私たちの現実は、仏陀となることから見放された空しい人生ではけっしてない。浄土に生きる者となりたい、と念仏道を歩むならば、無上涅槃が約束された人生となろう。そのための目覚めが本願によって与えられているからである。

本願を信ずるとは、「生かされている私」であると自覚しつつ、「私が生きている」という自我が念仏によってたえず打ち破られることなのである。

二　再生への願望

輪廻を超えて

大乗仏教において、このような本願が説かれるようになったのは、なぜであろうか。

インドにおいて成立した〈いのち〉観――業報《ごうほう》による輪廻転生《りんねてんしょう》という考え方――は、自らの行い（業）の報いを受けて、死に変わり、生まれ変わりを永遠に繰り返して流転する、と説いていた。それは、善を行わしめ悪を行わしめない、という宗教的倫理として、有効な役割を果たしていた。だが、一方において、「生まれの差別」を形成してもいた。のちにカースト制度と呼ばれるようになるものである。

そのような時代のなかで、釈尊の仏教は誕生した。

当時の宗教家たちは、永遠に繰り返される輪廻という流転の世界を前提としながら、そこからの解放（解脱《げだつ》）を、思索や実践において模索していた。それを、釈尊は根底から疑問視した。業報輪廻によって形成されていた「生まれの差別」は否定された。生きとし生けるものの〈いのち〉は生まれによって差別される〈いのち〉であってはならない。すべての〈いのち〉は平等であらねばならない。こうした直感ともいうべき目覚め（正覚《しょうがく》）に基づいて、業報輪廻という〈いのち〉観は無知が作り出す誤った説とされた。そして、自らの目覚めを論理的に説明するための《縁起の道理》が発見されたのであった。

釈尊は、『スッタニパータ』のなかで、次のように語っている。

この世からあの世へと、繰り返し繰り返し、生まれて死ぬ輪廻を受ける人びとは、無明（〈いのち〉に対する無知）こそによって赴くのである。

（第七二九偈）

なんとなれば、この無明は大いなる愚痴であり、それによってこの永い流転があるのである。しかし、〈いのち〉についての明知《めいち》を得た人びとは、再び迷いの生存（輪廻）に赴かない。（第七三〇偈）

思索の深まり

釈尊は、正覚のとき、《縁起の道理》を繰り返し思惟・観察し、すべての〈いのち〉は平等であることを確認した。〈いのち〉は、因縁によって生まれたもの（因縁所生《いんねんしょしょう》）だから、因縁の和合によって仮そめに存在する（因縁仮和合《いんねんけわごう》）というあり方において平等だ、と考えたのである。それゆえ、〈いのち〉を形成するもろもろの因縁のほかに、輪廻に流転するような自己存在（我）は何もない、として「無我」を説いた。

《縁起の道理》によって、無始より輪廻に流転すると思い込んでいた無明・無知が破られ、迷いの世界はこの世かぎりであることが確認された。これまで輪廻に流転してきた自己存在もなく、これから輪廻に流転する自己存在もない。輪廻の世界に流転することなど、本来的にはありえない。これが、《縁起の道理》であった。

釈尊はこのような正覚に立ち、最初の説法（初転法輪《しょてんぼうりん》）において、死からの解放を「不死の法」として説いたのである。輪廻に生まれ変わるような死はないし、生と死とを繰り返すような〈いのち〉もともよりありえない。「不死の法」という真理（教え）である。

それでは、死とは何なのか。死とは入滅《にゅうめつ》であり、涅槃寂静《ねはんじゃくじょう》である。〈いのち〉を〈いのち〉たらしめていたすべての因縁が消滅して、寂静となったもの、それが無上涅槃《むじょうねはん》としての入滅（死）である。「涅槃寂静」という法印であり、釈尊の往生論であった。

ところが、「生死する〈いのち〉」を「縁起する〈いのち〉」と見定めた釈尊に帰依《きえ》しながら、死は入滅であり、涅槃は寂静であることを受け入れるのは、さほど簡単ではない。この世に求める幸せと同じ幸せを死後に願い、輪廻に

「流転する〈いのち〉」に束縛されてしまう。そうしたインド宗教の常識には拭いがたいものがあった。より幸福な世界への転生・再生を求める願望を断ち切れないでいる、大衆の現実である。

救済の課題

釈尊滅後のことである。出家者は覚りを成し遂げ、入滅において無上涅槃を実現する。一方、在家者は出家者に布施《ふせ》を行い、来世は天界（五道輪廻の最高位）に生まれ変わることができる。――こうした説が人びとを魅了した。これを、「生天説《しょうてんせつ》」という。善根功徳《ぜんごんくどく》を積んでよりよき来世に再生し、転生を続けたい、という願望は、自己存在に対する強い執着（有身見《うしんけん》＝我執《がしゅう》・我所執《がしょしゅう》）によってもたらされている。したがって、生天説は、再生への願望を捨てきれない人びとに対する、救済のための説法であった、といえるであろう。

涅槃への道の模索が始まった。釈尊の覚りによって知見された縁起的存在として、浄土に生きる者となるには、どうすればよいのか。釈尊の涅槃寂静に基づき、無上涅槃の覚りを開くよう導いていくには、どういう手立てが可能なのか。救済の課題が問われることになる。生天説によって天に生まれることを願う、在家の人びとが数多く存在していた。その人たちに真の救済を実現していくこと、浄土思想の課題はそこにリンクしたものであった。

三　仏国土へ往生する〈いのち〉

輪廻から仏国土へ

多くの人びとにとって、再生への願望は根強く断ちがたいものとしてある。こうした現実を切り捨てずに、そのような人びとのうえに、どのようにして輪廻の世界からの解放を実現するのか。

この再生への願望を「再生から往生へ」と質的に転換したのが、仏国土への往生という思想である。仏の国土に生まれたいと仏を念じたならば、その仏国土に生まれることができる、という。仏国土への往生が、再生への願望を捨てきれない人びとに対して説かれるようになったのである。おそらく、生天説などが土台とされたのであろう。そこには、仏国土に往生させることによって、入滅・涅槃寂静を実現させる、という意図が含まれている。生天説ではいまだ輪廻の世界に止まるしかなく、輪廻からの真の救済が実現しないからである。

こうして、さまざまな仏国土が説かれるようになる。たとえば、『阿弥陀経《あみだきよう》』において、東方世界の諸仏たちの筆頭に挙げられる阿閦鞞仏《あしゆくびぶつ》という仏がいるが、その世界を説く『阿閦仏国経』という最初期の大乗経典がある。

仏国土に往生させることで輪廻から解放すると同時に、その仏国土において、釈尊の覚りによって知見された無上涅槃が実現される。すなわち、輪廻に「流転する〈いのち〉」を捨てきれない人びとに対して、それを利用しながら「縁起する〈いのち〉」の真実へと導き、浄土（仏国土）を生きる者とする、という図式である。

かくして、さまざまな仏の名が語られるようになり、その仏の国土に生まれることが願われるようになる。『阿弥陀経』の六方段（東・南・西・北・下・上の六方の世界）に配当されて説かれているような諸仏たちであろう。これが浄土思想の前夜である。

その後、諸仏とその国土は、阿弥陀如来とその極楽世界という一仏一仏国土に収斂《しゆうれん》されて、六方の世界の諸仏たちがそろって阿弥陀如来を讃歎する、完成された浄土思想として展開されていくことなる。

このことについては、本願の第十七願として、次のように説かれている。

たとえ私が覚りを得ても、十方世界の無量なる諸仏たちが、私の名前を称讃せず宣揚しないようであるならば、それまでは、私は覚った者とはなりません。

浄土思想の二段構え

浄土思想はもとより釈尊の教えにつながるものであるが、それでは、浄土思想が必要とされたのはいったいなぜであろうか。この問いに答えるためには、浄土思想のもっている二段構えに着目せざるをえない。そのことを明確に指摘しているのが、ほかならぬ親鸞である。

親鸞が八十六歳のときに書き止めた、『自然法爾章《じねんほうにしょう》』と通称されている手紙（消息）がある。これは、きわめて大切なメモランダムといえよう。そのなかで、「自然」という言葉についての説明がなされる際、浄土思想の二段構えが明確に指摘されている。それは、次のようなものである。

阿弥陀如来の本願は何のために説かれたのでありましょうか。それは私たちを無上仏にしようとするために誓願されたのです。無上仏というのは、私たちの「いのち」は縁起的存在であり、本来的にはゼロ（空《くう》）であるから、私というかたちが本来的には存在しない在り方のことなのです。本来的にゼロ（空）であるから、それを自然（存在するもののありのままな在り方）というのです。もし、私たちは本来的にゼロ（空）となるのではないと、何らかのかたちを示すならば、それは無上涅槃とはいわれないのです。本来的にゼロ（空）であって、かたちのないことを知らせようとして、まずはじめに、阿弥陀仏の極楽世界に往生させるのであると、そのようにいつも聞いています。阿弥陀仏の極楽世界に往生させようとしている本願は、このような自然（ありのままな〈いのち〉の本来性）を知らせようとしている手段・材料なのです。

「無上仏」と「無上涅槃」とは、「かたちのない」仏、「かたちのない」涅槃であり、「ゼロ（空）」というあり方にほかならない。親鸞は、そうしたあり方を「自然」と表現したのである。

それはまた、次のように和讃されている。

ながく生死《しょうじ》をすてはてて
自然《じねん》の浄土にいたるなれ
（「高僧和讃」）

多くの人びとは、転生・再生への願望を離れられず、よりよき世界への転生を求める。阿弥陀如来の極楽という仏国土に生まれたい、と願う。すると、その仏国土に生まれることによって、結果として「無上仏」「無上涅槃」が実現される、というのである。転生（再生）を願って往生という目的が実現する。まさしく、転生から往生への質的転換であった。

如来の大悲

これこそが、阿弥陀如来の本願として私たちに差し向けられている、如来の大悲《だいひ》、如来の恩徳である。それは、「誠に求めずば与へられず、されど与へらるるものは求めたるものではない。そこに如来広大の恩徳がある」（『金子大榮著作集』）とも説明されるのである。よりよき世界に転生したい、という願望がかなえられたとする。しかるに、結果的には真実の浄土としての無上涅槃に往生していた。仏国土に往生させることは目的ではなく、入滅して無上涅槃を実現するための手段（方便）にほかならない。これが浄土思想の基本なのである。『無量寿経』において、阿弥陀如来は法蔵《ほうぞう》という名の菩薩となり、「すべての人びとが阿弥陀如来の極楽に生まれたいと欲しても、もしも生まれることができない者がいるようであるならば、私は覚った者とはなりません」という本願を立てた。すべての〈いのち〉あるものを阿弥陀如来の極楽に往生させて仏陀とならしめる、という筋道が物語られるのである。

逆に言えば、法蔵菩薩とは、阿弥陀如来が私たちと同じ地平に立ったことを意味するであろう。私たちと同じ人格となった菩薩によって、阿弥陀如来の本願が私たちに届けられたのである。阿弥陀如来が法蔵菩薩となって、浄土に生きる者となりたいと願う私たちを極楽世界に導き、すべての人びとのうえに必ずや真実の浄土（無上涅槃）を実現する。そうした救済の構図を、このような物語的表現を借りて説いているのが『無量寿経』なのである。

第六章　親鸞が出遇った釈尊

一　本願と念仏

Ⅰ　阿弥陀仏の極楽世界に往生する〈いのち〉

極楽世界

それでは、法蔵菩薩《ほうぞうぼさつ》によって誓願された阿弥陀如来《あみだにょらい》の極楽世界とは、どのようなものとして説かれているのであろうか。ともかくも多くの仏たちとその国土が説かれたが、最終的に、それらは阿弥陀如来の極楽世界へと収斂《しゅうれん》されていった。阿弥陀如来を念ずることによって、その国土である極楽世界に生まれることができる。浄土経典に、こう説かれるようになったのである。浄土に往生したいと願わしめるために、人びとを魅了してやまないさまざまな浄土の光景が、方便・手段として描写された。

阿弥陀如来の本願によって私たちが往生する、という浄土についての思想的な原理は、すでに明らかであろう。しかし、浄土経典においては、多くの人びとを浄土に導くために、さまざまな具象的な描写が試みられた。浄土は、単に思想的に説明されたのではなかった。それが「浄土の荘厳《しょうごん》」である。もとより「浄土の荘厳」とはいうものの、これまで述べてきた思想的原理に基づいていることは、断るまでもない。そこでは、浄土に生きる者となっている仏と、その世界の様相が描かれた。「荘厳」とは、「美しく厳かに整然と飾られた様相」という意味である。

浄土の荘厳――『無量寿経』

たとえば、『無量寿経《むりょうじゅきょう》』には、さまざまな浄土の荘厳が説かれている。その一端を、サンスクリット原本に基づきながらいくつか拾い出して見るならば、次のようである。

阿難《あなん》よ、かの阿弥陀如来の極楽と名づける世界は、富裕であり、繁栄しており、平穏であり、豊饒であり、好ましく、

阿難よ、かの極楽世界は、かぐわしい種々の香りがかおっており、種々の花や果実に富んでおり、宝石の木々に飾られ、如来によって化作《けさ》された快い音声をもつ種々の鳥の群れが棲んでいる。

阿難よ、かしこには、金色で金でできた宝石の木々があり、金と銀と瑠《る》璃《り》と水晶と琥珀《こはく》と赤真珠と第七の瑪瑙《めのう》の七つの宝石でできている。

阿難よ、これらすべての木々の根・幹・枝・梢・葉・花・果実は、柔らかで、感触がよく、よい香りがあり、またこれらの木々が風に吹き動かされるとき、妙《たえ》なる快い音が流れて、魅力的であり、聞いて不快な思いをさせない。

阿難よ、かの極楽世界には種々さまざまの河が流れている。すべての河は快く流れ、種々のかぐわしい香りのある水を流し、種々の宝石でゆれ動く花束を流し、種々の甘美な音・響きがある。

阿難よ、これら諸大河の両岸は、種々の香りのある宝石の木々で覆われており、それらの木々から、種々の梢・葉・花の房が垂れ下がっている。

阿難よ、極楽世界には、不善の声は全くなく、障碍《しょうげ》の声は全くなく、苦処・悪趣・難処の声は全くなく、苦しみの声は全くない。

阿難よ、こういうわけで、かの世界は、略して「極楽」と呼ばれるのである。

阿難よ、かの仏国土に、すでに生まれ、現に生まれ、これから生まれるであろう生ける者たちは、すべて、涅槃にいたるまで、正しい位において決定した者である。

阿難よ、こういうわけで、かの世界は、略して「極楽」と呼ばれるのである。

こうして極楽の荘厳がさまざまに説かれた後に、こう結ばれる。

勝者（釈尊）のことばを信じ、智慧ある者たち、かれらの福徳は、いかなる福徳よりも多いであろう。信は、じつに、極楽世界に到達するための根本である。それゆえに、じつに、聞きおわって疑念を除くべきである。

また、『無量寿経』に説かれる四十八願においても、「至心信楽《ししんしんぎょう》の願」と「必至滅度《ひっしめつど》の願」との関係において思想的な原理が示されるに止まらなかった。そこでは、原理的な本願だけでなく、「極楽には地獄・餓鬼・畜生などは存在しない」、「極楽とそこに生まれた者は金色に輝いている」などと説く本願が含まれている。これら具象的な表現の真の意図が私たちを無上涅槃《むじょうねはん》に至らしめるためであることは、言をまたないであろう。

ちなみに、親鸞は、このような具象的な表現を内容とする本願を、直接取り上げることはしなかった。

浄土の荘厳――『阿弥陀経』

次に、『阿弥陀経《あみだきよう》』にも、極楽世界としての浄土の荘厳が説かれている。サンスクリット原本に基づきながら掲示すると、説き始めは次のようである。

舎利弗《しやりほつ》よ、ここより西方に数え切れないほどの仏の国土を過ぎて、極楽と名づける世界がある。そこに、無量なる寿命あるものと名づけられる阿弥陀如来が、いま現におられて説法をしている。舎利弗よ、どういう理由で、かの世界は「極楽」と呼ばれるのであろうか。まことに、舎利弗よ、かの極楽世界にいる生ける者たちには、身体の苦しみもなく、心の苦しみもなく、老いや病いや死ぬことから解放された、ただ無量の安楽の原因のみがある。こういう理由で、かの世界は「極楽」とよばれるのである。

このなかで、阿弥陀如来が「いま現におられて説法をしている」と説かれている。浄土はいま、私たちに直結している。現に私たちのうえに、「生かされている私」への目覚めを促し続けるはたらきとして、直結している。それこそが阿弥陀如来の大悲《だいひ》のあり方なのである。

こうして、極楽世界がさまざまな特徴をもって荘厳されている美しい世界であることが説かれ、その終わりはこう結ばれる。

つつしんで、この仏国土に生まれたいと願うべきである。

「私はいつでも仏になれるけれども、阿弥陀如来の極楽に生まれたいと願って生まれることができない人がいる限り、私は仏とならずに、すべての人びとを極楽に導くために菩薩行・慈悲行を続ける」。かくして、法蔵菩薩の誓願実現のために極楽世界の素晴らしさが強調され、人びとを阿弥陀如来の極楽へと誘うのである。

親鸞の真実報土

浄土の荘厳とはあくまでも人びとを極楽に誘うための方便であったが、同時にまた、光によって象徴される智慧（覚《さと》り）の世界の表現ともなっている。「縁起する〈いのち〉」の真実が明らかになったとき、生きとし生きるすべての〈いのち〉が「唯我独尊《ゆいがどくそん》（ただ我れ独り尊し）」として、尊く光り輝く世界である。親鸞は『教行信証《きょうぎょうしんしょう》』において、その覚りの世界を「真仏土《しんぶつど》」（真実の仏と真実の世界）として示した。真実の仏とは「不可思議光如来《ふかしぎこうにょらい》」であり、真実の世界とは「無量光明土《むりょうこうみょうど》」である。いずれも光の名称をもって示されるもの、それが「真実報土《しんじつほうど》」（真実が報われた世界）、無上涅槃という釈尊の覚りが実現されている世界である。

これを明確にするのが「真宗の正意《しょうい》」（『教行信証』）である、と親鸞は言う。「真実報土」へ至らしめるために、「方便化土《ほうべんけど》」としての阿弥陀如来の極楽世界への往生を説くのである。親鸞は、「真実報土」と「方便化土」とを明確に区別する。

無量光・無量寿

それでは、法蔵菩薩の誓願が成就した、阿弥陀如来の本願によってありえている極楽世界とは、何を意味しているのであろうか。

それは、阿弥陀如来という仏の名前からうかがい知ることができる。その仏名には、「アミターバァ（amitābha）」（無量光・光明無量）と「アミターユス（amitāyus）」（無量寿・寿命無量）という二つの名が含有されている。この二つの名が浄土経典に引かれる際、厳密に区別されることなく、あたかも鳥の両翼のように渾然一体となって用いられるのである。

「光明無量」（光明が無量である）と「寿命無量」（寿命が無量である）という二つを仏名の内実とする阿弥陀如来において、釈尊の証（覚り）によって明らかにされた無上涅槃の実現という本願の内容が表明されているのである。それゆえ、数ある仏とその国土が説かれるにもかかわらず、最終的には、阿弥陀如来の本願を説く浄土経典において、浄土思想が大成されていく。

光明が無量であり、寿命が無量である阿弥陀如来。光明とは釈尊における覚りの「智慧」を意味し、寿命とは智慧のはたらきとしての「慈悲」を意味している。大乗仏教の仏道体系における「智慧」から「慈悲」へという動向を示すこの両者、光明と寿命とが無量にはたらき続ける、そうしたあり方がそのまま阿弥陀如来の仏名となったのである。

智慧から慈悲へ

それでは、「智慧」から「慈悲」への動向における「智慧」とは、どのようなものであろうか。大乗仏教において「智慧」といえば、「般若波羅蜜多《はんにゃはらみった》」にほかならない。「般若波羅蜜多」とは「完成された智慧」という意味であり、一般的な知識、対象を認識し思考するはたらきなどを含まない概念である。

釈尊によって見定められた縁起的存在としての〈いのち〉を、本来的にはゼロ（空《くう》）であると見通すこと、それが大乗仏教における「智慧」である。仏智でさえも、この「般若波羅蜜多」以外にはありえない。すべてはゼロ（空）であると見通す智慧、「般若波羅蜜多」に基づかない仏智はありえない。

阿弥陀如来のことを「無碍光如来《むげこう》」とも称するが、それは「智慧」を意味する無量光（光明無量）の特徴が最も強調された呼称である。すべてはゼロ（空）であると見通す「智慧」にとって、その名が最もふさわしい。普通の光は、私たちの存在によって碍《さまた》げられるが、無碍光は、私たちの存在を碍げとしない。私たちの存在は本来的にゼロ（空）である、と見通す「智慧」であるからである。

この「智慧」が「慈悲」としてはたらき出るのが、大乗仏教の仏道体系における動向である。それは、すべての人びとを救わずにはおかない、という菩薩精神によって具体化される。「智慧」から「慈悲」への動向とは、智慧が智慧に停滞することなく、慈悲へと展開していくことであり、それによって智慧自身が完成することである。智慧自らが慈悲へと展開せずにはいられない、智慧の意志力が菩薩精神である。その菩薩精神の究極が法蔵菩薩の誓願である。法蔵菩薩の誓願が、阿弥陀如来の本願として、私たちに届けられているのである。

本願とは、「智慧」が「慈悲」としてはたらき、すべてはゼロ（空）であるという知見がすべての人びとのうえに実現されること、浄土に生きる者となりたいと念仏する人びとが無上涅槃に至らしめられることである。阿弥陀如来のもう一つの呼称「無量寿」は、この本願・慈悲の果てしないはたらきを強調している。

こうして、阿弥陀如来の極楽世界を説く浄土経典は、再生・転生への願望を断ち切ることが容易でない人びとに往生を勧め、無上涅槃――釈尊の涅槃寂《じゃく》静《じょう》が貫徹されたかたち――を実現させる、ということを目的とした。他の多くの仏とその国土が説かれたにもかかわらず、最終的に阿弥陀如来の極楽だけが浄土とされ、その他のすべてはそれに収斂されていった。それが浄土思想であった。

Ⅱ　何のために浄土へ往生するのか

手段の目的化

ところが、この浄土思想が中国仏教において浄土教として開花したとき、その趣旨が変質してしまった。阿弥陀如来の極楽に往生することが、無上涅槃という目的のための手段・条件（方便）ではなくなり、目的化されたのである。浄土経典において、人びとを極楽に誘うために、極楽が美しく荘厳された楽園のように説かれているところだけに眼をうばわれて、それが理想の世界のように受け取られてしまったからであろう。それは、いかんともしがたい人間の思惑のなせるわざである。この世において貧困と病魔に打ち拉《ひし》がれた人びとは、衣食住が満ち足り、病気のない理想の世界を極楽に求めた。それは、想像するに難くない。

現代でも、極楽に理想の世界を求める。経済的に豊かになり、医学が進歩した現代では、貧困と病魔のない理想郷を願うことは少なくなった。だが、いまなお悲惨をもたらしてやまない差別や戦争という人間の愚かさを直視し、それを照らし出す世界として、極楽を理想化したりする。しかし、本来の極楽は、私たち人間の側から想定する理想の世界ではない。無上涅槃が実現される覚りの世界なのである。

こうして、極楽への往生が手段ではなく目的とされたとき、そこに新たな問題が生まれた。極楽という理想の世界に容易に往生できるわけではなく、しかるべき条件を満たすことが要求されたからである。極楽への往生が無上涅槃という目的を実現するための手段であるならば、極楽への往生こそが条件であった。だから、念仏して往生を願うこと以外の条件は、まったく必要ではなかった。ところが、それが目的とされたとき、目的に至る手段・条件が必要となってくる。それは必然のことである。

他力本願

たとえば、善根功徳《ぜんごんくどく》を積むこと、修行に励むこと、数多く念仏に勤《いそ》しむことなどが問題とされるようになっていった。本来ならば、極楽に生まれさせることを手段として、無上涅槃という目的を実現させようとする。これが阿弥陀如来の本願であるから、極楽への往生は阿弥陀如来の側の願いであって、私たち人間の側の努力によって実現するわけではない。これが他力本願ということの本質である。

他力本願ということが世間では誤解され、何の努力もしないで〝果報は寝て待て〟という意味に用いられるのがつねである。言うまでもなく、そういう意味ではない。阿弥陀如来の側から私たちにかけられている願いが本願であるから、それは他力である。他力本願と称する所以《ゆえん》である。

しかし、極楽に往生することが手段ではなく目的となったとき、往生を欣求《ごんぐ》する人間の側の努力精進《しょうじん》、すなわち親鸞の指摘する「自力作善《じりきさぜん》」(自分の努力によって善を作すこと)が避けられない問題となった。浄土教が中国から日本へと伝播し、親鸞のもとに届いたとき、すでにこうした問題が孕《はら》まれていた。

念仏という手段

そもそも、阿弥陀如来を念ずること(念仏)は、単にその黄金に輝く麗しい姿を思い慕うことでもなければ、人間の側から願いごとをするということでもない。『般舟三昧経《はんじゆざんまいきよう》』は、念仏が手段であることをはっきり明記している。

善男子よ、阿弥陀如来を念ずることを完全に保ち確実に保って修習を多くなせば、この阿弥陀仏の世界に生まれることになるのである。仏を念ずることを完全に保ち、確実に保って修習を多くなせば、この阿弥陀仏の国土に生まれることができるのである。善男子よ、それでは阿弥陀仏を念ずるというのは、どのようなことであるかといえば、すなわち阿弥陀如来を心に思うことである。どのように心に思うのかといえば、阿弥陀如来を想像せず、認識せず、執着せず、まったく認識せず、分別《ふんべつ》せず、妄想せず、まったく知覚しない。そのように阿弥陀如来を認識することなく、心に思うことによって、すべてはゼロ（空）であると観想する、空という三昧《さんまい》を得ること。それこそが阿弥陀如来を念ずる、観想する念仏と名付けられるのである。

同じことを、小本の『般舟三昧経』は、端的にこう説いている。

阿弥陀如来を念ずることによって、ゼロ（空）という三昧が得られる。

私たちはともすると、偶像崇拝的に阿弥陀如来の姿を思い浮かべ、「助けてください」「守ってください」と自分の思いで頼みごとをしてしまう。幸せを願うこともあるし、病気の治癒を求めることもあるだろう。そういう思いで、阿弥陀如来を対象化してはいけない。すでに説明したように、阿弥陀如来は「無量光」「無量寿」を内実としている本願・大悲の表現である。にもかかわらず、私たちは、それを人格的存在として、あるいは神格的存在として祈願の対象としてしまうのである。

　そうではなく、阿弥陀如来を念ずることを手段として、釈尊の無上涅槃という証（覚り）の完結、すべてはゼロ（空）であるという知見の世界に至ること、浄土に生きる者となることを、この経典は説いている。

般舟三昧

『般舟三昧経』に説かれる「般舟三昧」は、同様に『仏説観無量寿経《ぶっせつかんむりょうじゅきょう》』のなかでも説かれている。その最後の方で、先に引用した韋提希《いだいけ》が「無生法忍《むしょうぼうにん》」

という目覚めを得ていく箇所（本書一七一ページ）に続いて、こう述べられている。

五百の侍女たちも、阿耨多羅三藐三菩提心《あのくたらさんみやくさんぼだい》（無上なる正しい目覚めを求める心）を発して、それを実現するために、かの国（阿弥陀如来の極楽世界）に生まれたいと願いました。世尊は、その有様をご覧になって、「ことごとく皆なまさに極楽に往生して無上涅槃に至るであろう」と予告されました。かの国に生まれたならば、般舟三昧（諸仏現前三昧）を得て、無上涅槃を実現するであろう。

ここにおける世尊の「予告」は、すべての人びとを阿弥陀如来の極楽において必ず仏にならしめよう、という本願に基づいている。

阿弥陀如来という仏名は、すべてはゼロ（空）であると見通す「智慧」が「慈悲」となって展開する本願を内実としている。これはすでに説明した。それゆえ、阿弥陀如来を念ずる（念仏）とは、すべては（空）であると知見して、浄土に生きる者となりたいと願いつつ、無上涅槃へと至ろうとする実践にほかならない。これは大乗仏教における共通の了解であり、『仏説観無量寿経《ぶっせつかんむりょうじゅきょう》』においても、この了解は受け継がれている。

すべてはゼロ（空）であると知見することによって、老いる私もなく、病む私もなく、死ぬ私もないことが明らかとなり、すべての苦しみから解放される。こう説くのが仏教の基本である。それを、極楽というのである。

ただいまの世にあって私たちは、本来的に老いる私もなく、病む私もなく、死ぬ私もなく、ただただもろもろの因縁によって「生かされている私」として存在している。本来的にゼロ（空）であるにもかかわらず、もろもろの因縁によって、いま「生かされている私」としてありえている。自らのそのような〈いのち〉に感動して生きる歓びこそが、極楽における安らぎなのである。

二　念仏成仏―大乗のなかの至極

Ⅰ　迷いから覚りへの仏陀

人知の闇《やみ》

仏教とは、〈いのち〉を問う宗教であることを最初に述べた。〈いのち〉とは何かと問い、真実の〈いのち〉に目覚めて生きるための教えである。〈いのち〉とは何かを問うことなく迷い苦悩している人間の現実を直視し、真実の〈いのち〉に出遇って苦悩から解放されることを願う教えである。したがって、仏教は、〈いのち〉への目覚めを促す「目覚めの宗教」である。キリスト教が神の啓示を究極的な真理とする「啓示の宗教」であるのに対して、仏教は目覚めに基づく「智慧の宗教」である、とも言われている。

人はだれでも、幸せに生きたいと願っている。幸せであることの基本は、思い通りに生きられることだ、と考える。これを、仏教では「人知の闇」という。すでに述べたように、私たちの〈いのち〉は縁起的存在である以上、自分の思い通りに生きられることはありえない。そのことに目覚めないがゆえに、無知の闇のなかで幸せを求めて苦悩するのである。

他方、多くの人たちは、人間が幸せになるためには、世の中から貧困や病気や戦争などがなくなり、平和となり、平等となり、自由とならなければならない、と考えている。これがヒューマニズム精神である。しかし、社会が理想的な状態になることは、人類の歴史においていまだ実現されたことがない。それに近い社会が実現された時期があったとしても、永続することはなかった。なぜであろうか。そこには、「人知の闇」があるからである。

釈尊は、釈迦族の王となる身でありながら、出家した。社会がよくなって人間が幸せになれるのであれば、王としてよりよき社会の実現を目指せばよいのであって、出家する必要はなかったであろう。しかし、釈尊は出家した。社会がどんなによくなっても、人間に幸せをもたらさない。そうした「人知の闇」を、人間の本質に見たからである。

迷いから覚り＝往相

社会がどんなによくなっても、生・老・病・死を経て必ず死んでいかなければならない〈いのち〉は、たえず死におびえて生きなければならない。「死の闇」は、社会が豊かになればなるほど、かえって深まっていく。

仏教では、人知の闇と死の闇のことを「無明《むみよう》」と説く。無明のなかで生きることを「迷い」という。釈尊は《縁起の道理》を発見して無明の闇を打ち破り、迷いから目覚めて仏陀となった。それを「往相《おうそう》」という。「迷い」から「覚り」への道である。

釈尊と同じように、迷いから目覚めた者となって生きるには、どうすればよいのか。人知の闇と死の闇という無明のなかに生きている事実を照らし出す光とは、いったい何か。親鸞は、『無量寿経』に説かれる阿弥陀如来の本願を光としていただき、「必至滅度《ひっしめつど》の願」によって、これらの闇を打ち破る無上涅槃への念仏道を歩むのである。

II　覚りから迷いへの如来

覚りから迷い＝還相

ところで、私たちは、自力でこの闇に気づき、それを打ち破ろうとするのであろうか。現にいま、自らの知識でこれらの闇に気づいたかのように思いこんでいるとしても、実際は釈尊の覚りを基盤として気づかされた、というのが正しいのではないのか。けっして私自身の気づきではないであろう。

釈尊は、覚りの世界（如《にょ》）から私たちの迷いの世界へ、如来となって来生した。そのことによって、無明の闇を打ち破る光としての智慧が、如来の本願として私たちのうえに届けられた。覚りから迷いの世界へと来生する如来というあり方を、「還相《げんそう》」という。

親鸞は、阿弥陀如来の本願が無明の闇に蠢《うごめ》く私たちを照らし出している、と「正信念仏偈《しょうしんねんぶつげ》」のなかで詠っている。

煩悩障眼雖不見《ぼんのうしょうげんすいふけん》
大悲無倦常照我《だいひむけんじょうしょうが》

煩悩、眼を障《さ》えて見たてまつらずといえども、大悲倦きことなく、常に我を照したまう、といえり。

私たちは、無明の闇のなかにいる。思い通りに生きたいという思いから起こる煩悩《ぼんのう》によって、〈いのち〉の真実を見る眼は遮られたままである。しかし、そのような私たちを哀れみ、如来の大悲はとだえることなく、私たちの生きざまをつねに照らしてくださっている。「正信念仏偈」において、「還相」はこう詠われ、親鸞はそれを「如来の大悲」の恩徳として信受した。

如来の大悲

「如来の大悲」とは、釈尊の覚りが智慧の世界に停滞することなく、慈悲となって、すなわち私たちに対する具体的なはたらきとなって展開することである。それが本願である。智慧が大悲としてははたらかなければ、私たちは無明の闇のなかでもがき苦しみながら生きるしかない。私たちが智慧をいただくことができるのは、如来の大悲によるほかはないのである。

そういう意味で、本願とは、智慧の内実を私たちに明らかにしてくれる大悲のはたらきである。私たちはその本願を信受することによって、そこに示されている智慧をいただくことができるのである。

Ⅲ　阿弥陀如来の〈いのち〉―如来の大悲

釈尊の還相と私たちの往相

　ところで、釈尊は、成道《じょうどう》において仏陀となり、迷いから覚りへと往相した。また、初転法輪《しょてんぼうりん》では如来として、覚りから迷いへと還相した。私たちは、還相した如来に導かれて、迷いから覚りへと往相する身となるのである。釈尊が仏陀から如来となって還相しなかったならば、私たちの往相はありうべくもない。如来の本質は、すべての人びとを目覚めさせずにはおかない、という大悲である。しかも、それは、すべてはゼロ（空）であると見通す無碍《むげ》の智慧に基づいている。

　こうして、阿弥陀如来の大悲は、「智慧」から「慈悲」への動向における「慈悲」であった。そして、光明としての「智慧」も、寿命としての「慈悲」

も、いずれもが無量（無量光・無量寿）なのである。

なぜ無量でなければならないのか。そのことについて、『阿弥陀経』には、次のように説かれている。

舎利弗《しゃりほつ》よ、これをどのように思うか——どういう理由で、かの阿弥陀如来は「無量の光をもつもの」と名づけられるのであろうか。まことに、舎利弗よ、かの如来の光明は、無碍なるゼロ（空）を本質としている光であるから、すべての仏国土において、さまたげられることがない。こういう理由で、かの如来は「無量の光をもつもの」と名づけられるのである。

舎利弗よ、これをどのように思うか——どういう理由で、かの阿弥陀如来は「無量の寿命をもつもの」と名づけられるのであろうか。まことに、舎利弗よ、「いのち」の真実に目覚めて救われなければならない人びとの量は無量であり、限りなくいるからそのすべての人びとに対する大悲のゆえに、かの如来の寿命も無量なのである。こういう理由で、かの如来は

「無量の寿命をもつもの」と名づけられるのである。

慈悲はヒューマニズムではない

無碍なる光明としての無量なる智慧とは、「生死する〈いのち〉」を「縁起する〈いのち〉」と見定めた釈尊の《縁起の道理》を基本としている。それに基づいて、私たちの〈いのち〉の真実のあり方が明らかになる。それが智慧であるけれども、その智慧の内実とは、すべてはゼロ（空）であると知見する「般《はん》若《にゃ》波《は》羅《ら》蜜《みっ》多《た》」であった。これ以外の智慧は仏教にはない。智慧とは何か、ということを私たちに届けてくれる、それが無量なる寿命としての慈悲のはたらきである。如来広大の恩徳である。

智慧と慈悲とは別のもののように思われるが、そうではない。慈悲は智慧のはたらきのことで、両者は表裏一体、不二である。慈悲となってはたらき出ない智慧は、私たちにとっては不可知のままである。智慧には色も形もなく、ただ智慧という言葉があるばかり、その内実は知りえないからである。

それを私たちに知らせてくれるのが、「如来の大悲」としての仏説、それを表現する言葉や思想・芸術、「善知識《ぜんぢしき》」（仏道に生きた先達）である。大悲がいろいろな方便となって、私たちに覚りの智慧を届けてくれる。親鸞は、「阿弥陀如来は如（ありのままの世界）から来生してさまざまな在り方となって、私たちのところに智慧を届けてくださる」（『教行信証』「証巻」）と述べた。それが「如来」という言葉の本来の意味でもある。

慈悲が智慧を前提としなければ、どうなるであろうか。慈悲は人間的な愛などと混同され、単なる人情（ヒューマニズム）の根源と見なされてしまうであろう。しかし、それでは、慈悲が智慧のはたらきである、という大乗仏教の体系を抜きにした理解でしかない。

そうではなく、私たちの〈いのち〉は、無量・無数といってよいほどの因縁によって、ただいまのこの瞬間にありえているだけ（唯此縁性《ゆいしえんしょう》・因縁所生《いんねんしょしょう》）である。それらの因縁のほかに、輪廻《りんね》に流転するような「私（我）」という存在があるわけではない。無我なのである。その意味において、私は本来的に空〈ゼロ〉である。そうした自らの〈いのち〉の真実への目覚めが智慧であり、その目覚めさせるはたらきが慈悲である。

私たちは、いかに凡愚であろうとも、如来の智慧のはたらきである大悲に出遇うとき、即座に念仏道を歩む者となる。ところが、この出遇いは、予想できるようなものではない。出遇ったときにしか出遇えない。どうしたら念仏の教えに出遇えるか、それにはマニュアルがない。出遇った人の話を聞くのも、出遇った人の喜びや悲しみに同感するのも大切な縁ではあるけれども、それがそのまま自分の出遇いとはならない。それは、いわば月をさす指でしかない。

無縁の慈悲

ともかくも、このような如来の智慧のはたらきが本願であり、それが「如来の大悲」とも、「無縁の慈悲」とも言われるものである。「無縁」とは「対象がない」という意味である。私たちの存在は本来的にはゼロ（空）であり、対象となりうるような存在ではないからである。それを自覚せしめる慈悲が「無縁の慈悲」である。

身の事実を明らかにする「無縁の慈悲」は、愛などの人情（ヒューマニズム）を超克している。浄土に生きる者となりたいと願いつつ念仏道を歩まんとする、そうした自覚を促す大悲なのである。

『仏説観無量寿経』は、こう説いている。

仏の心とは大慈悲である。
無縁の慈悲をもって
すべての人びとを摂取する。

この一文によって、明らかであろう。「仏の心」とは、大いなる慈悲である。「大慈悲」とは、「無縁の慈悲」である。私たちは、我が身ありと思いこんで生きている。だが、じつはそうではなく、因縁所生としてのわが身があるだけで、本来的にわが身はゼロ（空）なのである。「無縁の慈悲」は、それを思い知らせる智慧のはたらきのことである。そして、それが生きとし生けるすべての人びとを摂《おさ》め取る。「如来の大慈悲は無縁の慈悲である」という定義こそ、大乗仏教の基本である。

親鸞は、そのことを感動的に和讃（「正像末和讃《しょうぞうまつわさん》」）している。

如来大悲の恩徳《おんどく》は
　身を粉《こ》にしても報ずべし
師主《ししゅ》知識の恩徳も
　ほねをくだきても謝すべし

阿弥陀如来の慈悲を「大悲」と呼ぶのはなぜであろうか。単に、如来の慈悲だから大きい慈悲である、ということではない。阿弥陀如来の慈悲は、すべてはゼロ（空）である、という真実に目覚めさせるはたらきであった。それが「無縁の慈悲」であるからこそ、「大悲」というのである。

Ⅳ　大乗のなかの至極

さまざまな誓願

親鸞は、『末燈鈔《まっとうしょう》』のなかで、こう宣言している。最後に、その意味を尋ねたい。

選択《せんじゃく》本願は浄土真宗なり。（中略）浄土真宗は大乗のなかの至極《しごく》なり。

〔訳〕『無量寿経』のなかに四十八願として選択されて説かれている阿弥陀

如来の本願こそは、浄土に往生するための真実の教えである。（中略）その教えは、大乗仏教の基本である菩薩精神の至極である。

大乗仏教において、すべての生きとし生ける人たちを救済しようとして、菩薩たちはさまざまな誓願を立てた。

たとえば、「大悲闡提《だいひせんだい》」の菩薩が『入楞伽経《にゆうりようがきよう》』に説かれている。それは、「一闡提《いつせんだい》」（仏法を誹謗《ひぼう》する者）がいる限り、大悲をもってこの世に止まる、という誓願の菩薩である。すなわち、この世の中には、「仏法は大嫌い」「仏法など何の役にも立たない」と言っている人が数多くいる。自分はそういう人たちの仲間（一闡提）となって、その人たちのすべてを仏法に目覚めさせていく。そのようにならない限り、この世に止まるつもりだ。こうした誓願を立てるのが、大悲闡提の菩薩である。

また、唯識《ゆいしき》思想においては、「無住処涅槃《むじゆうしよねはん》」の菩薩が説かれている。自分自身はいつでも涅槃できるが、すべての生きとし生ける人たちの救済のために、涅槃を住処《じゅうしょ》（すみか）とせず、輪廻の生死の世界に止まっている。すでに智慧を得ているから、迷いの世界（輪廻）には停滞しない。しかも、大悲のゆえに迷いの世界のなかで活動するから、涅槃の境地にも止まらない。こうした誓願を立てるのが、無住処涅槃の菩薩である。

このような菩薩の誓願では、すべての生きとし生ける人たちを救済しようとする菩薩の決意が説かれている。だが、救済されなければならない人たちがどのように救済されていくか、という道筋は具体的に説かれることがない。菩薩精神だけが説かれるのである。

選択本願

これらに対して、浄土経典（『無量寿経』）に説かれる法蔵菩薩の選択本願には、救済の道筋が具体的に示されている。阿弥陀如来を念ずることによってその極楽に生まれさせ、そこで無上仏・無上涅槃を実現させる、というのである。それゆえ、「念仏成仏、これ真宗」（「浄土和讃」）、「本願を信じ、念仏すれば、仏に成る」（『歎異抄《たんにしょう》』）と言われるのである。

他の菩薩たちの誓願の至極として、親鸞はそれを「大乗のなかの至極」と宣言したのであろう。親鸞は、次のように和讃（「高僧和讃《こうそうわさん》」）している。

安楽仏国に生《しょう》ずるは
畢竟成仏《ひっきょうじょうぶつ》の道路にて
無上の方便《ほうべん》なりければ
諸仏浄土をすすめけり

阿弥陀如来の極楽に往生することは、究極的な仏（無上仏）になるための道路である。これが、仏になりたいと願う生きとし生ける者すべてを仏にならしめるための、ただ一つの道であるから、それは「無上の方便」である。たとえば、禅宗では坐禅《ざぜん》が仏となるための方便である。しかし、坐禅という修行はだれもができることではないので、仏になりたいと願うすべての人びとにとっての方便とはなりえない。「煩悩成就の凡夫《ぼんぶ》」（煩悩によって成り立っている凡夫）にとっての方便とはなりえない。それゆえ、念仏こそ、すべての人びとが仏になるための無上の方便であり、「大乗のなかの至極《しごく》」なのである。

親鸞は、「阿弥陀如来の本願は不思議である（誓願不思議）」と、自身を顧みて感歎した。〈いのち〉を終える死の瞬間まで、思い通りに生きたいという煩悩から離れられないのが「煩悩成就の凡夫」たる自分である。その凡夫が仏となり、大涅槃という証果（極果）が得られる、その道路がある。何と不思議なことであろうか。親鸞の「誓願不思議」への感歎であった。

念仏成仏

このことについて、親鸞は、次のようにも和讃（「高僧和讃《こうそうわさん》」）している。

信は願より生ずれば
念仏成仏自然《じねん》なり
自然はすなわち報土なり
証大涅槃うたがわず

私のうえに生じている「信」（信ずる心）は、「願」（本願）から生じた信心である。「私がいて、私が信ずる」のではないからである。『大般涅槃経《だいはつねはんぎょう》』に「無《む》根《こん》の信」が説かれていたように、「信」とは、私の信心のことではなく、阿弥陀如来の本願によって生まれ出た信心なのである。その信心によって成仏することは、「自然」（自《おの》ずから然《しか》らしむ）のあり方である。それが「報土」に往生することである。「報土」とは、釈尊の覚りが報われていく世界、すなわち浄土である。そこにおいて、「大涅槃」という証果が実現される。そのことを疑ってはいない、と親鸞は明言しているのである。

かくして、私たちの〈いのち〉とは「縁起する〈いのち〉」であり、本来的にゼロ（空）である、ということが釈尊によって覚られた。ゼロ（空）であるにもかかわらず、もろもろの因縁によって、ただいま「生かされている私」としてありえている。その〈いのち〉が必ず浄土に往生していくことによって、釈尊の覚りが私たちに実現される。

この〈いのち〉への感動と歓喜とをもって、私たちの〈いのち〉が生きていく。それこそが浄土思想の内実である。

おわりに　すべての人が仏陀となるために

無明の闇から

これまでの論旨を要約して、本書の結びとしたい。

私たちは、自分の思い通りに生きたい、という自我から解放されることなく、いつも貪《むさぼ》りと怒りのなかで、愛し、悲しみ、苦悩する。その愚かさに気づくことのない、愚かな「無明《むみよう》の闇」を生きている。無明の闇とは、何によって作り出されているのであろうか。その闇から解放されたら、どれほど安穏な人生を送ることができるであろうか。このような問いから、釈尊の仏教は始まった。

釈尊は、無明の闇を打ち破る《縁起の道理》を発見し、仏陀（目覚めた者）となった。釈尊の目覚めによって始まった仏教は、「目覚めの宗教」である。私たちも、そのような目覚めを獲得して、仏陀となること（成仏《じょうぶつ》）を目的としている。なぜ、目覚めた者となりたいのであろうか。目覚めた者となったならば、「私がいて、私が生きている」という自我の束縛から解放され、「縁起する〈いのち〉」のままに浄土に生きる者となれるからである。

成仏（目覚めた者となること）を目的とする仏教において、当初は、釈尊の覚《さと》りを自らにも実現し仏陀となろう、と修行する出家者が輩出した。釈尊と同様、覚りを実現して仏陀となりえた仏弟子たちもいたかも知れないが、それはごく限られた者にすぎなかった。釈尊の説法によって目覚めて出家しても、多くは、それを身に実現することが容易ではなかった。自分の〈いのち〉を「縁起する〈いのち〉」と覚っても、ただちに覚りの通り生きる者となって、自我の束縛から解放されるわけではないからである。自我から解放されることは、はなはだ困難であった。

ましてや、在家生活者として自我の束縛による煩悩《ぼんのう》を生きる者にとって、その困難はいっそう切実なものとなっていった。釈尊によって見定められた〈いのち〉の真実を生きたい、覚りの通りに浄土に生きる者となりたい。そう願っても、到底かなわぬことであった。無明の闇は立ちはだかったままである。

菩薩精神

それでは、大多数の人びとにとって、釈尊の覚りは無縁なものなのであろうか。いや、その人びとのためにこそ、仏陀となりたいと願うすべての生きとし生けるものが覚りを得て仏陀とならなければ、自らも仏陀とならない、と誓願する菩薩《ぼさつ》たちが現れたのである。大乗仏教の多くの経典は、その菩薩精神が基本となって説かれている。ここに、仏陀となりたいと願うすべての人びとを仏陀とならしめよう、という菩薩の誓願によって、釈尊の覚りは限られた人の手を離れ、広開されたのである。

ところで、何を根拠として、菩薩たちの誓願は可能となったのであろうか。私たちの〈いのち〉は「縁起する〈いのち〉」であり、本来的にはゼロ（空《くう》）

である。釈尊の覚りによってそのように知見され、菩薩たちによってそのことが見定められたからである。

釈尊の覚りを共有しても、私たちは、それを身に実現できないままに生きている。しかるに、「縁起する〈いのち〉」を生きている、という身の事実においては、私たちは釈尊と同じである。すでにして私たちは、釈尊と等しい地平に立って、浄土に生きている。平等な〈いのち〉を生きている。そのことを確認したうえで、菩薩たちの誓願は立てられている。

無明の闇を生きる私たちではあるが、釈尊の覚りによって明らかにされた「縁起する〈いのち〉」を生きる者として、浄土に生きる者となりたい。そう願うならば、必ずや覚りを実現できる。菩薩たちは、こう誓願した。釈尊の覚り（等正覚《とうしょうがく》）の智慧が、菩薩の誓願という慈悲となって華開いたのである。私たちが自らの〈いのち〉の真実に目覚め、その誓願を信頼したとき、私たちも仏陀となれる身であることを確信する。無明の闇を生きながらも、つねに念仏によって問いかけられ、その闇に気づかされ慚愧《ざんき》する。無明の闇を生きる人生が開かれてくるのである。

結びにかえて

親鸞が出遇った釈尊とは、親鸞が学んだ仏教とは、どのようなものであったのであろうか。こうした問いによって始まったのが本書である。

これまでの論述は、必ずしも文献に忠実でない部分もあり、ときには創造に過ぎた部分もなきにしもあらずである。それは、あらかじめ承知のうえでのことである。

釈尊の教えは、菩薩精神を基本とする大乗仏教において、浄土思想として展開した。親鸞の浄土真宗こそが、そのなかの至極《しごく》である。

本書において、そうした「浄土真宗」という仏教思想の系譜を、少しでも明らかにすることができたのではないか、と思っている。「親鸞が出遇った釈尊」という書題の所以《ゆえん》である。

文庫化にあたって

本書は、㈱筑摩書房より刊行された『シリーズ親鸞』のうち、第二巻「親鸞が出遇った釈尊―浄土思想の正意―」を文庫化したものです。

『シリーズ親鸞』は、二〇一一年、真宗大谷派（東本願寺）が厳修《ごんしゅう》した「宗祖親鸞聖人七百五十回御遠忌」を記念して、宗派が筑摩書房の協力を得て出版したものです。シリーズの刊行にあたり、監修を務めた小川一乗氏は、

いま、現代社会に向かって広く「浄土真宗」を開示しようとするのは、宗祖親鸞聖人によって顕《あきら》かにされた「浄土真宗」こそが、今日の社会が直面している人間中心主義の闇を照らし出し、物質文明の繁栄の底に深刻化している人類生存の危機を克服する時機相応の教えであるとの信念に立っているからです。本書を通して一人でも多くの方が、親鸞聖人の教えである「浄土真宗」に出遇っていただき、称名念仏する者となってくださる機縁となりますことを念願しています。

このシリーズは、執筆者各々が役割分担して「浄土真宗」を明らかにしたいと企画されました。そのために、担当する文献や課題を各巻ごとに振り分けて、それぞれを主題として執筆されています。それによって、引用される文献や史資料が各巻にわたって重複することを少なくし、「浄土真宗」の全体が系統的に提示されるようにいたしました。（中略）『シリーズ親鸞』は学術書ではありません。学問的な裏付けを大切にしつつも、読みやすい文章表現になるよう努めました。

と述べています。今回の文庫化にあたっては、その願いを引き継ぎ、さらに多くの方々に手にとってお読みいただけるよう、各執筆者の方々に若干の加筆・修正をお願いいたしました。本書を機縁として、一人でも多くの方が「浄土真宗」に出遇っていただけることを願っています。

最後になりましたが、文庫化にあたってご協力をいただいた㈱筑摩書房様、また、発行をご快諾いただきました著者の小川一乗氏には厚く御礼申しあげます。

二〇一七年五月

東本願寺出版

小川　一乗（おがわ　いちじょう）

1936（昭和 11）年生まれ。大谷大学卒。現在、真宗教学学会長。大谷大学名誉教授。文学博士。専門はインド仏教学。著書『「顕浄土真仏土文類」解釈』『「十住毘婆沙論」試探―親鸞が学んだ龍樹の仏道』『本願―念仏成仏の教え』『「私」をあきらかにする仏教』『「顕浄土真実証文類」解釈―「証」の二重性についての試論―』（以上、東本願寺出版）、『大乗仏教の根本思想』『親鸞と大乗仏教』（以上、法藏館）など。

親鸞《しんらん》が出遇《であ》った釈尊《しゃくそん》　―浄土思想《じょうどしそう》の正意《しょうい》―

2017（平成29）年７月31日　第１刷発行

著　　者　小川一乗
発 行 者　但馬　弘
編集発行　東本願寺出版（真宗大谷派宗務所出版部）
〒600-8505　京都市下京区烏丸通七条上る
TEL　075-371-9189（販売）
075-371-5099（編集）
FAX　075-371-9211
印刷・製本　株式会社京富士印刷
装　　幀　株式会社アンクル

ISBN978-4-8341-0559-9　C0115